O ESTOICISMO

O livro é a porta que se abre para a realização do homem.
Jair Lot Vieira

O ESTOICISMO
GEORGE STOCK, ST.

Tradução, apresentação e introdução
EDSON BINI
Estudou filosofia na Faculdade de Filosofia,
Letras e Ciências Humanas da USP.
É tradutor há mais de 40 anos.

Copyright da tradução e desta edição © 2022 by Edipro Edições Profissionais Ltda.

Título original: *Stoicism*. Traduzido com base na edição publicada pela Archibald Constable & Co. Ltd., em Londres, em 1908.

Todos os direitos reservados. Nenhuma parte deste livro poderá ser reproduzida ou transmitida de qualquer forma ou por quaisquer meios, eletrônicos ou mecânicos, incluindo fotocópia, gravação ou qualquer sistema de armazenamento e recuperação de informações, sem permissão por escrito do editor.

Grafia conforme o novo Acordo Ortográfico da Língua Portuguesa.

1ª edição, 1ª reimpressão 2024.

Editores: Jair Lot Vieira e Maíra Lot Vieira Micales
Coordenação editorial: Fernanda Godoy Tarcinalli
Tradução, apresentação e introdução: Edson Bini
Revisão: Brendha Rodrigues Barreto
Diagramação e Capa: Karine Moreto de Almeida

Dados Internacionais de Catalogação na Publicação (CIP)
(Câmara Brasileira do Livro, SP, Brasil)

George Stock

    O estoicismo / George Stock, ST. tradutor Edson Bini. –
São Paulo : Edipro, 2022.

    Título original: Stoicism

    ISBN 978-65-5660-062-8 (impresso)
    ISBN 978-65-5660-063-5 (e-pub)

    1. Estoicos 2. Filosofia antiga I. Título.

21-86320   CDD-188

Índice para catálogo sistemático:
1. Estoicismo : Filosofia antiga : 188

Maria Alice Ferreira – Bibliotecária – CRB-8/7964

São Paulo: (11) 3107-7050 • Bauru: (14) 3234-4121
www.edipro.com.br • edipro@edipro.com.br
 @editoraedipro   @editoraedipro

SUMÁRIO

Apresentação   7
Introdução   9

O ESTOICISMO   **21**
Prefácio   23
Capítulo I – Filosofia entre os gregos e os romanos   25
Capítulo II – Divisão da filosofia   33
Capítulo III – Lógica   37
Capítulo IV – Ética   55
Capítulo V – Física   83
Capítulo VI – Conclusão   97
Datas e autoridades   107

APRESENTAÇÃO

Você tem em mãos uma obra expressiva e rigorosa em torno do estoicismo. O insigne Professor de Oxford *George Stock* nos brinda com uma abordagem não apenas compreensível e proveitosa para o leitor já afeito e familiarizado com textos técnicos de filosofia, mas também acessível em larga medida ao público em geral. A impressão que se tem é que George Stock se empenhou em escrever algo isento de um jargão acadêmico que somente beneficiaria estudantes de faculdades de filosofia e seus pares.

E apesar de ser um confesso peripatético, o que o leva a instaurar uma postura inicialmente crítica face ao estoicismo, ele efetivamente reconhece e faz justiça ao importante legado deixado pela escola estoica.

Edson Bini

INTRODUÇÃO

Evidentemente a exposição do tema estoicismo por parte do autor, cobrindo didaticamente com competência e clareza todos os diversos departamentos da filosofia em pauta, nos dispensa de acrescentar algo a respeito.

O que nos prontificamos a fazer nesta breve introdução é propor algumas considerações acerca do estoicismo romano na sua versão expressamente pragmática, considerando que nesta sua obra o autor ocupa-se largamente da discussão e explicitação dos princípios teóricos doutrinários estabelecidos pelo estoicismo original grego e do estoicismo em geral, mas não se detém *especificamente* no estoicismo romano. Além disso, tentaremos mostrar o paralelismo estoicismo/cristianismo e, finalmente, fazer algumas ponderações sobre o caráter atemporal das ideias estoicas em matéria de ética.

O estoicismo romano é orquestrado inicialmente por um ex-escravo grego (Epicteto sediado em Roma) e coroado, no seu clímax, por um imperador romano (Marco Aurélio).

O estoicismo surgiu no século III a.C. em Atenas e, desde então, no que diz respeito às disciplinas filosóficas, diferenciava-se consideravelmente das escolas filosóficas dominantes da época, quais sejam, a Academia (Platão), o Liceu (Aristóteles) e o Jardim (Epicuro), a despeito de algumas semelhanças, do prisma do conteúdo doutrinário, em relação ao epicurismo.

Suas disciplinas são a física (filosofia da natureza), a epistemologia (atrelada à lógica), a retórica e a dialética (atreladas à política) e a ética, que recebe ênfase. A *metafísica* propriamente dita (ontologia), para Aristóteles a filosofia primeira (πρώτη φιλοσοφία [*prôte philosophía*]), e pérola especulativa no pensamento de Platão, está virtualmente ausente do interesse estoico.

O estoicismo herdado dos gregos pelos romanos a partir do primeiro século da era cristã retém essencialmente esse perfil e, decerto é fiel igualmente aos princípios doutrinários do pensamento estoico helênico, mas, por conta do nítido espírito pragmático dos romanos, pouco dado às especulações abstratas que foram o apanágio dos gregos, restringe ainda mais a esfera da filosofia, convertendo-a, na prática, a um pragmatismo ético humanista.

Os expoentes do estoicismo romano (entre os quais Sêneca, Epicteto e Marco Aurélio) transmitem e praticam uma filosofia de vida em que a conduta individual no seio da coletividade como súdito ou cidadão e a conduta pública na atividade política como altos funcionários do Império Romano (Sêneca foi assessor de Nero e Marco Aurélio, ambos imperadores) conjugam-se, consubstanciando um paradigma de vida.

O ex-escravo Epicteto foi o mentor indireto do imperador Marco Aurélio, em torno do qual gravitava uma plêiade de estoicos de igual ou menor envergadura.

Mas o estoicismo chegara à Roma ainda nos tempos da República, e atravessara um dos períodos mais convulsivos e truculentos da história de Roma, que podemos situar aproximativamente entre 82 a.C. (ditadura de Sila, que perdura até 79 a.C.) e 27 a.C. com o primeiro imperador romano, Augusto, após a extremamente conturbada transição da República para o Império.

Nessa fase crucial pautada pelo consulado de Pompeu e Crasso, a conspiração de Catilina, o primeiro triunvirato (César, Pompeu e Crasso) e a ascensão e o assassinato de César em 44 a.C. (entre outros eventos importantes), o estoicismo esteve presente tanto nos baixos escalões da vida romana ordinária quanto no seio conflitante dos altos escalões do poder.

Entre dezenas de estoicos atuantes então, destacam-se ao menos dois, ambos republicanos convictos e adversários figadais de César: o renomado jurista, orador, filósofo e literato Marco Túlio Cícero (106-43 a.C.), assassinado por iniciativa do segundo triunvirato (Otaviano [Augusto], Lépido e Marco Antonio) e que, como afirma Stock, costumava se declarar um *acadêmico* (seguidor de Platão), e o não menos renomado e resoluto Catão, o Jovem (chamado também de Catão de Útica), nascido em 95 a.C. e que se suicidou (inclusive em coerência com um princípio estoico) em 46 a.C., sob intensa pressão política dos partidários de César e do Império (sobretudo, Otaviano).

Assim, embora os estoicos não hajam, na sua maioria, ocupado de maneira ostensiva, direta e regular cargos públicos na administração do mundo romano (como fizeram os sofistas), sua forte influência na vida política romana é inegável até a morte de Marco Aurélio em 180 d.C.

Com a destruição de Corinto em 146 a.C., a conquista da Grécia foi finalizada e consolidada. Os romanos, embora dominadores e impondo sua administração política, exerceram via de regra pouca ou nenhuma interferência ou intromissão nos costumes, na religião e na cultura em geral da Grécia nessa época. Na verdade, admiradores da civilização helênica, não tardaram a ser influenciados por ela em todos os aspectos (mitologia, religião, artes, esportes, instituições políticas etc.) e, inclusive, é claro, no que respeita à filosofia grega, isso apesar do decreto do senado romano no passado (161 a.C.) determinando a proibição do ensino da filosofia em Roma e a ação de Domiciano (imperador de 81 a 96 d.C.) expulsando os filósofos de Roma e da Itália em 89, dois séculos e meio depois.

Absorveram em larga medida elementos das doutrinas das grandes quatro escolas do período clássico, o período áureo da Atenas de Péricles (séculos IV-III a.C.): a Academia de Platão, o Liceu de Aristóteles, o Jardim de Epicuro e o Pórtico (a escola estoica), isso além de beberem copiosamente na fonte da sofística.

A despeito do sucesso do platonismo em Roma e nas províncias, e do ecletismo romano, a preferência dos romanos recaiu no estoicismo (rivalizando-se com o epicurismo), sendo o estoicismo uma linha de pensamento mais adaptável a um povo (a plebe e mesmo camadas do patriciado) tradicionalmente pragmático e minimamente vocacionado para as reflexões profundas e abstratas da ontologia.

Consequentemente, em um aparente paradoxo, os romanos hauriram abundantemente do saber helênico, porém o ajustaram ao seu temperamento prático, que contrasta com o temperamento e pendor reflexivos dos gregos ou, para sermos mais precisos, dos *atenienses,* uma vez que, quando dizemos indiscriminadamente *gregos*, nos referimos geralmente aos atenienses. As cidades-Estados gregas, ainda que detendo alguns indiscutíveis traços comuns da Hélade (principalmente origem, etnia), apresentaram incontestáveis variações do ponto de vista de suas instituições políticas e religiosas, dos costumes e mesmo dos valores morais, o que é visivelmente demonstrado pelas duas maiores e mais poderosas das cidades-Estados da Grécia, Atenas e Esparta, que foram inimigas de 431 a 404 a.C. (Guerra do Peloponeso), com apenas cerca de dois anos de paz entre elas (entre 421 e 419 a.C.), ou seja, um conflito sangrento de 25 anos. A Esparta dos éforos era um Estado militar que muito se diferenciava da Atenas dos arcontes, poetas e filósofos. Certamente a língua grega falada e empregada na Lacedemônia não era idêntica àquela falada e empregada na Ática. Antes do início da Guerra do Peloponeso foi necessária a terrível e colossal ameaça representada pelos persas para unir os gregos em uma confederação a fim de combater o inimigo comum da Grécia.

Apesar da valiosíssima contribuição ao estoicismo romano prestada anteriormente por Sêneca (?4 a.C.-65 d.C.), dramaturgo e assessor do imperador Nero (que o foi de 57 a 68 d.C.), a formação do estoicismo pragmático romano deve-se fundamentalmente a um grego libertado que passou a residir em Roma: Epicteto de Hierápolis (*c.* 50-*c.* 120 d.C.). E foi curiosamente em Roma, não em Atenas, que Epicteto se inteirou intimamente da filosofia de Zenão de Cítio (*c.* 320-*c.* 260 a.C.), Cleantes de Assos (331-233 a.C.) e Crísipo de Soles (280-210 a.C.).

Em Roma e, a partir de 89 d.C., no Épiro (região noroeste da Magna Grécia, incluindo a Albânia), Epicteto cercou-se de um grande contingente de discípulos, muitos deles romanos pertencentes a uma ou outra classe social. Nada escreveu. Coube ao seu devotado discípulo Flávio Arriano a redação de seus ensinamentos, primeiramente sob a forma de uma obra composta de oito Livros, a qual resultou em uma síntese que é o célebre *Manual de Epicteto* (ΕΠΙΚΤΗΤΟΥ ΕΓΧΕΙΡΙΔΙΟΝ [EPIKTETOU EGKHEIRIDION]).

O estoicismo de Epicteto está centrado na ética, e seus princípios éticos dizem respeito especificamente à conduta humana na vida em comunidade. Essa conduta deve ser pautada pela prática assídua das *virtudes* (ἀρεταί [*aretaí*]), sobretudo a tolerância, a benevolência, a discrição, a resignação, a simplicidade, a justiça, a moderação e a coragem, no âmbito de uma postura firme e inarredável (a despeito dos valores preestabelecidos vigentes na sociedade) de total *indiferença* (ἀπάθεια [*apátheia*]) e desinteresse pelas coisas mundanas (riqueza, honrarias, glória, prazeres, poder etc.). Tal prática e postura nos facultam a comunhão com a natureza e a aceitação serena de todos os acontecimentos (favoráveis ou desfavoráveis) que nos atingem, e o relacionamento cordial e proveitoso com nossos semelhantes, minimizando atritos, desentendimentos, conflitos e disputas amargas e estéreis. Essa nossa conquista, já que exige empenho e perseverança no exercício de nossa vontade, e prévia escolha (προαίρεσις [*proaíresis*]) nos garante uma forma de felicidade (εὐδαιμονία [*eydaimonía*]).

A busca de bens mundanos, tais como posses, títulos, fama, cargos públicos e honras, é não só contrária às virtudes como também completamente inútil, porque a obtenção de tais coisas não depende exclusiva e propriamente de nós, não está propriamente na esfera de nossa vontade, traindo, por um lado, nosso compromisso com a conduta virtuosa e, por outro, desperdiçando nossa energia, frustrando nossos esforços e nos enredando em uma teia de ilusões e dissabores que nos distancia sumamente da verdadeira felicidade possível.

A nos basearmos no *Manual de Epicteto*, não somente a metafísica esteve fora das reflexões de Epicteto, como também a religião, uma vez que a prática da ética estoica substitui plena e satisfatoriamente a prática de uma religião. Marco Aurélio (121-180 d.C.), discípulo tardio de Epicteto, que encarava o imenso poder que exercia como imperador de Roma como uma missão e um serviço à humanidade[1], e não como um instrumento de vaidade pessoal e prepotência, adapta *pragmaticamente* o estoicismo no que se refere à religião, ou seja, a devoção religiosa e o culto aos deuses não devem ser combatidos ou abolidos, mas preservados, porque o vínculo entre religião e política é estreito: os deuses são os deuses do Estado. Essa adaptação evidentemente abrange outros aspectos além daquele da religião.

Para Marco Aurélio, a filosofia é essencialmente ética, embora inclua a retórica e a política. A ética é a ciência (ἐπιστήμη [*epistéme*]) relativa à conduta humana, ἦθος (*êthos*) significando costume e caráter. Trata-se, simplesmente, de viver uma existência norteada pelo apreço e pela prática das virtudes, o que é aplicável a qualquer pessoa, independentemente de sua condição e posição na comunidade: uma elevada posição na sociedade não exime o indivíduo humano de agir segundo a ética – muito pelo contrário!

O elenco das virtudes é encabeçado pelas chamadas virtudes clássicas, nomeadamente a sabedoria prática (φρόνησις [*phrónesis*]), a justiça (δικαιοσύνη [*dikaiosýne*]), a moderação (σωφροσύνη

---

[1]. Esse imenso poder mundano jamais foi buscado pelo estoico Marco Aurélio (o que seria uma *clara* contradição por parte de um estoico), mas inevitavelmente herdado de seu pai adotivo Antonino Pio, a quem Marco Aurélio sucedeu em 161 d.C. no governo do Império Romano.

[*sophrosýne*]) e a coragem (ἀνδρεία [*andreía*]), mas acresce virtudes tipicamente estoicas, a saber, impassibilidade ou indiferença (ἀπάθεια [*apátheia*]), simplicidade (ἁπλότης [*haplótes*]), resignação ou aceitação (συμφρόνησις [*symphrónesis*]), benevolência (εὐμένεια [*eyméneia*]) e espírito comunitário (κοινωνία [*koinonía*]).

O estoicismo pragmático romano, segundo Marco Aurélio, pode ser sintetizado em três princípios orientativos:

1. Conduta pautada pelo exercício regular das virtudes, com ênfase para a resignação ante todos os fatos e acontecimentos, o que é determinado pela Providência e a natureza, mas incluindo a impassibilidade ou indiferença no que toca às coisas mundanas (dores, prazeres, riqueza, reputação, poder, honrarias etc.) e a benevolência para com todos os semelhantes, independentemente de classe social, raça, nacionalidade, religião e mesmo da condição de escravo, com um claro aceno para o cosmopolitismo;
2. Em todas as ações virtuosas, quando houver incompatibilidade entre o interesse individual e o comunitário, visar sempre o interesse deste último.
3. Devoção religiosa, culto aos deuses do Estado e às divindades tutelares, acompanhados da obediência às leis.

Embora incorporando naturalmente as virtudes clássicas presentes na ética platônica (ver, por exemplo, *A República*) e mesmo na aristotélica (ver *Ética a Nicômaco* e *Ética a Eudemo*), o estoicismo delas difere principalmente no que respeita ao repúdio a bens mundanos positivados no platonismo e no aristotelismo, e ao helenismo arraigado e exclusivista que reduz todas as demais raças e povos antigos a bárbaros. São marcas do estoicismo, e particularmente do romano (o que soa, a propósito, paradoxal, uma vez que, a rigor, os romanos, na qualidade de grandes herdeiros da cultura grega, não eram considerados propriamente bárbaros), o cosmopolitismo e um caráter humanitário universal essencialmente ausentes quer no platonismo quer, ainda mais intensamente, no pensamento de Aristóteles, que sustenta a superioridade cultural e racial helênica e a diversidade *natural* dos indivíduos humanos que os conduz a serem senhores ou escravos. Embora o estoicismo não condene explicitamente a escravidão, e o Império Romano tenha sido um dos Impérios mais escravagistas da história da humanidade, a escravidão (verdadeira instituição legal na antiguidade) é vista com reservas pelos estoicos. Diga-se, de passagem, o próprio Platão em *As Leis*, onde se acha depositado o seu pensamento mais amadurecido, já se mostra de certo modo preocupado e incomodado com esse tema (ver *As Leis*, 777b-778a).

Outro princípio ético amplamente vigente na antiguidade, de aceitação geral e que tem, igualmente, por assim dizer, um cunho institucional é "deve-se amar o amigo e odiar o inimigo", o que vale para povos e nações do mundo e pessoas (cidadãos ou súditos) das comunidades humanas.

O estoicismo, ao menos o romano, representado sobretudo por Marco Aurélio, questiona esse princípio moral largamente levado à prática.

Diante de tudo isso, não é difícil entrever certa proximidade e semelhança entre a ética estoica e a cristã. Virtudes estoicas relevantes, como a indiferença perante as coisas mundanas, a resignação, a simplicidade, a tolerância e especialmente a benevolência em relação a todos, são tantos outros elementos aproximativos. É necessário, porém, ressalvarmos que o estoicismo romano, devido ao seu franco pragmatismo e seu materialismo, dispensando a metafísica e o aspecto religioso e espiritual, difere pontualmente do cristianismo nesse sentido.

Mas, do prisma moral, não há como negar semelhanças. Há sentenças de Marco Aurélio cujo teor evoca essencialmente a mensagem de Cristo. Citemos algumas:[2]

---

2. Extraídas de *Meditações*, de Marco Aurélio (Edipro, 2019).

De minha mãe [herdei] a religiosidade e a generosidade; e não apenas deixar de fazer o mal como nem sequer pensar nele. Dela também herdei o gênero simples de vida, muito distante do gênero de vida dos ricos.

(MEDITAÇÕES, LIVRO I, 3)

Não te conduzas como se estivesses destinado a viver 10 mil anos. A fatalidade está no teu encalço. Enquanto ainda vives, enquanto há possibilidade, sê da estirpe das pessoas boas.

(MEDITAÇÕES, LIVRO IV, 17)

É característica do ser humano amar, inclusive aqueles que fazem dele objeto de ofensa. Realizarás isso se representares em tua mente os ofensores como teus parentes e semelhantes, que seu erro se dá em razão da ignorância e do involuntário...

(MEDITAÇÕES, LIVRO VII, 22)

Há um tipo de pessoa que mal acabou de fazer um favor a alguém e já está pronta a exigir o ajuste de contas do favor. Há outro que, embora não se predisponha assim, comportando-se diferentemente, pensa consigo mesmo que o favorecido é como um devedor, e está ciente do que fez. Há outro tipo de pessoa, ainda, que, embora de alguma maneira não esteja mais ciente do que fez, é, porém, semelhante à videira que produz uvas e nada exige, uma vez que produz o fruto que lhe é próprio, como foi próprio do cavalo ter corrido, do cão ter caçado, da abelha haver produzido o mel. Essa pessoa, ao beneficiar alguém, não faz disso alarde, limitando-se a transmitir o bem a outra pessoa, como a videira que na próxima estação novamente produz uvas...

(MEDITAÇÕES, LIVRO V, 6)

A melhor forma de se defender das pessoas hostis é não se tornar semelhante a elas.

(MEDITAÇÕES, LIVRO VI, 6)

A concepção socialista irmanada à solidariedade presente nos Evangelhos também figura no estoicismo romano:

> Aquilo que não traz utilidade ao enxame, tampouco é útil à abelha.
>
> (*Meditações*, Livro VI, 54)

> Ninguém se cansa de receber ajuda. Prestar ajuda é uma ação em consonância com a natureza. Assim, não te canses de prestar ajuda, pois receberás ajuda.
>
> (*Meditações*, Livro VII, 74)

> Alguém me despreza? Isso é sua ocupação. Quanto a mim, ocupo-me em jamais ser descoberto ou flagrado fazendo ou dizendo algo que mereça desprezo. Fulano me odeia? Isso é sua ocupação. Eu, porém, ocupo-me em tratar a todos com benevolência e afabilidade, pronto a assim me manifestar até com a pessoa que me dirige o ódio, não o levando em conta, disposto, inclusive, a fazê-la desistir dele, sem afrontar a pessoa nem exibir minha moderação, mas de modo sincero, conveniente e prático...
>
> (*Meditações*, Livro XI, 13)

No tocante a Epicteto, o estoico grego que se tornou cidadão romano e que mais exerceu ascendência sobre Marco Aurélio, o paralelismo entre estoicismo e cristianismo já se revela no seu modo de viver exemplarmente coerente com a filosofia que ministrou. Durante muitos anos, ainda no mundo grego, tendo nascido escravo, Epicteto suportou com invulgar paciência e resignação o jugo cruel e os maus-tratos de um senhor sádico sem nunca revidar, munido, diante de um semelhante, de uma compreensão inabalável, em momento algum abrigando o ódio e o ressentimento em seu coração; por outro lado, em Roma, após ser libertado pelo próprio senhor e tornado cidadão romano respeitado, manteve a mesma postura de simplicidade e tolerância, preservando a fidelidade aos princípios da doutrina que ensinara a um enorme número de discípulos.

Finalmente, desejamos fazer algumas reflexões sumárias acerca do que representa o estoicismo para nós hoje, ou seja, no século XXI.

Afinal, qual o sentido de uma doutrina filosófica concebida na antiguidade, mais de dois milênios depois em nosso mundo contemporâneo, densamente povoado e tecnologizado, e ampla e drasticamente alterado em todos os aspectos?

Diríamos, sob o risco de incorrer em um colossal paradoxo, que continua tendo todo o sentido. E por quê? *Lamentavelmente,* e aqui faremos decerto uma simples constatação dos fatos, *porque* qualidades morais como honestidade, moderação, benevolência, tolerância, solidariedade, altruísmo, amizade genuína, ausência de preconceito ou racismo, repúdio à acumulação de bens mundanos e ao recurso à violência permanecem um tanto distantes no cotidiano das pessoas em geral que vivem nas sociedades contemporâneas.

Nem sequer a virtude fundamental cuja referência não é o outro (nosso semelhante), mas nós mesmos, isto é, a impassibilidade e desapego relativamente às coisas e agentes externos se mostra comum. Ocioso salientar que essa virtude, cultivada para o nosso equilíbrio emocional e tranquilidade psíquica, não deve ser encarada como promotora de individualismo e comodismo, mas sim como promotora da nossa interação na vida social e de nossas ações construtivas junto ao outro.

O que presenciamos na atualidade é um vertiginoso avanço científico e tecnológico paralelamente a uma estagnação e mesmo regressão de valores morais e espirituais humanos, que são indispensáveis à espécie humana em qualquer tempo e em qualquer lugar. Pessoas e governos estão longe de agir regularmente orientados pelas qualidades morais assinaladas acima, praticando-as apenas de maneira tíbia e sazonal.

Desafiando a noção de um certo evolucionismo, a solução do presente parece estar alojada no recurso a valores concebidos em um passado milenar e na concretização de ideais propostos e apregoados há milhares de anos atrás. Na verdade, trata-se aqui de valores humanos que não têm dimensão temporal ou espacial, mas que são universais.

Embora não seja exclusividade sua, porquanto as qualidades morais capitais constituem princípios de várias religiões e formas de misticismo, tais como o cristianismo, o hinduísmo, o budismo e doutrinas filosóficas e esotéricas, o *estoicismo* – e isso parece ser um traço característico seu – proporciona uma orientação clara, desapaixonada, objetiva e acessível no que diz respeito à prática das virtudes para uma vida consciente, responsável, e feliz na medida do possível, orientação desprovida da complexidade, ambiguidade e caráter interpretativo dos dogmas das religiões que acabam por gerar milhões de indivíduos humanos de dúbia religiosidade, que se restringem e se acomodam quer em discursos polêmicos, sutis e vazios sobre os princípios de suas religiões, quer se limitam a ser (neste caso a grande massa de indivíduos religiosos, que foram excluídos da educação e do desenvolvimento intelectual, que constituíram um privilégio dos primeiros) meras ovelhas que aceitam passivamente os dogmas estabelecidos por seus "pastores" de diversas instituições religiosas, os quais raramente os norteiam em termos da verdadeira espiritualidade, os circunscrevendo apenas ao aspecto devocional e ao acatamento de rituais.

Diante da visível falência tanto de organizações religiosas quanto de instituições e sistemas políticos, as máximas singelas e objetivas do estoicismo, despidas de qualquer jargão técnico filosófico, mensagens acessíveis e compreensíveis a todos, independentemente do nível social e intelectual de cada um, se conservam *atuais* e detentoras de inegável eficácia, isso apesar da antiguidade e simplicidade de sua expressão.

Edson Bini

O ESTOICISMO

PREFÁCIO

Na qualidade, eu mesmo, de um adepto da Escola Peripatética[3], não advogo a causa dos estoicos, mas me esforcei para lhes fazer justiça, e talvez um pouco mais, não tendo permanecido atento para subtrair-lhes alguns méritos alheios tidos como próprios. O Pórtico[4] foi creditado com muita coisa que realmente pertencia à Academia[5] ou ao Liceu. Se você despir o estoicismo de seus paradoxos e de seu uso abusivo proposital da linguagem, tudo o que restará é a filosofia moral de Sócrates,[6] Platão e Aristóteles, com uma pitada da física de Heráclito[7]. O estoicismo não foi tanto uma doutrina nova, que é como a antiga filosofia grega finalmente se apresentou ao mundo em geral. Sua popularidade se deveu em alguma medida à sua extravagância. Poder-se-ia dizer muito acerca do estoicismo como uma religião e sobre o papel que desempenhou na formação do cristianismo. Entretanto, em consonância com a meta deste volume, esses assuntos foram excluídos. O intento foi de apresentar um esboço da doutrina estoica baseado nas autoridades originais.

ST. George Stock, M. A.
Pemb. Coll. Oxford.

---

3. O Liceu, a instituição em Atenas onde era ensinada a filosofia de Aristóteles de Estagira (384-322 a.C.). O termo Liceu (Λύκειον [*Lýkeion*]) se origina do nome do local, ginásio situado na região nordeste de Atenas, próximo ao templo de Apolo Lício. (N.T.)

4. Em grego στοά (*stoá*), espécie de galeria, neste caso em Atenas, onde Zenão de Cítio (fundador da escola estoica) ministrava suas aulas; daí Στωϊκός (*Stoïkós*), estoico. (N.T.)

5. A escola de filosofia de Platão (427?-347 a.C.), localizada em Atenas no horto de *Academos* (Ἀκαδήμεια [*Akadémeia*]). (N.T.)

6. Sócrates de Atenas (470 ou 469-399 a.C.), mestre de Platão. (N.T.)

7. Heráclito de Éfeso (*c.* 500 a.C.), filósofo da natureza pré-socrático, cognominado "O Obscuro" (τὸ σκοτεινόν [*tò skoteinón*]). (N.T.)

CAPÍTULO I
FILOSOFIA ENTRE OS GREGOS E OS ROMANOS

Entre os gregos e os romanos da era clássica, a filosofia ocupava o lugar assumido pela religião entre nós. Recorriam à razão e não à revelação. Ao que, pergunta Cícero,[8] em seu *De officiis* (ii, parágrafo 6), devemos recorrer para o exercício da virtude se não à filosofia? A mente moderna responde: à religião. Ora, se acredita-se que a verdade apoia-se na autoridade, é natural que devesse ser inculcada na mente a partir da tenra infância, visto que o essencial é dever ela ser objeto de crença; uma verdade, porém, que recorre à razão tem que se contentar em aguardar até que a razão seja desenvolvida. Nós nascemos na comunidade religiosa oriental, ocidental ou anglicana, ou alguma outra denominação religiosa, mas era por sua própria livre escolha que o jovem grego ou romano de disposição séria adotava os princípios de uma das grandes seitas que dividiam o mundo da filosofia. O motivo que o levava a agir assim, em uma primeira instância, pode ter sido meramente a influência de um amigo ou um discurso de algum orador eloquente, mas a escolha uma vez feita era a sua própria escolha, e ele aderia a ela como tal. Conversões de uma seita para outra ocorriam muito raramente. Um certo Dionísio de Heracleia, que passou dos estoicos para os cirenaicos[9], foi sempre depois disso conhecido como "o desertor".[10] Era tão difícil ser independente em filosofia quanto

---

8. Marco Túlio Cícero (106-43 a.C.), orador, jurista, político e filósofo eclético romano. (N.T.)
9. Adeptos da doutrina filosófica de Aristipo de Cirene (?435-?355 a.C.). (N.T.)
10. ὁ μεταθέμενος (*ho metathémenos*), Diógenes Laércio, vii, parágrafo 166; cp. parágrafos 23, 37; Cícero, *Acad. Pr.*, ii, parágrafo 71; *Fin.*, v, parágrafo 94.

o é entre nós ser independente em política. Quando um jovem se associava a uma escola, seu compromisso era com todos os pontos de vista dela, não apenas no que dizia respeito ao objetivo da vida, o que constituía o principal elemento de divisão, mas também no que dizia respeito a todas as questões sobre todos os assuntos. O estoico não divergia do epicuriano[11] somente no que tocava à sua ética; divergia também no que tocava à sua teologia, sua física e sua metafísica. Aristóteles, como o sabia Shakespeare,[12] considerava os jovens "sem qualificação para ouvirem aulas de filosofia moral". E, no entanto, era uma questão – ou melhor, a questão – de filosofia moral, cuja resposta determinava as opiniões do jovem em todos os outros pontos. A linguagem que Cícero usa às vezes sobre a seriedade da escolha feita na aurora da vida e como um jovem se vê enredado por uma escola antes de realmente ser capaz de julgar nos lembra do que ouvimos dizer hoje em dia[13] sobre o perigo de um rapaz ordenar-se antes que suas opiniões sejam formadas.[14] A isso respondia-se que o jovem apenas exerce o direito do julgamento pessoal na seleção da autoridade que devia seguir e, uma vez tendo feito isso, nela confiava quanto a todo o resto. Na modernidade estamos também familiarizados com uma afirmação semelhante a essa. Cícero admite que nisso haveria algo se a seleção do verdadeiro filósofo não exigisse, acima de tudo, a mente filosófica. Mas naquela época provavelmente acontecia, como acontece agora, que se um indivíduo não chegasse a formar opiniões de caráter especulativo na juventude, a pressão dos negócios não lhe proporcionaria ócio para fazê-lo mais tarde.

O período de vida de Zenão, o fundador do estoicismo, foi de 347 a 275 a.C. Não começou a ensinar até 315, quando alcançara a maturidade dos quarenta anos. Aristóteles morrera em 322, e com ele foi encerrada a grande era construtiva do pensamento grego. Os

---

11. Adepto da doutrina filosófica de Epicuro de Samos (341-270 a.C.). (N.T.)
12. William Shakespeare (1564-1616), poeta e dramaturgo inglês. (N.T.)
13. Esta obra foi publicada no início do século XX. (N.T.)
14. *Acad. Pr.*, parágrafo 8; N.D., i, parágrafo 66.

filósofos jônicos haviam especulado acerca da constituição física do universo, os pitagóricos, acerca das propriedades místicas dos números, Heráclito havia proposto sua filosofia do fogo,[15] Demócrito e Leucipo[16] tinham esboçado uma forma rudimentar da teoria atômica, Sócrates levantara questões relativas ao ser humano, Platão as discutira com toda a liberdade do diálogo, enquanto Aristóteles as desenvolvera sistematicamente. As escolas posteriores pouco acrescentaram ao corpo da filosofia. O que fizeram foi enfatizar distintos aspectos da doutrina de seus predecessores e conduzir concepções às suas consequências lógicas. A grande lição da filosofia grega é que vale a pena agir corretamente independentemente de recompensas e punições, e a despeito da curta duração da vida. Essa lição foi tão inculcada pelos estoicos por força da seriedade de suas vidas e a influência de seu ensinamento moral que se tornou mais particularmente associada a eles. Cícero, ainda que se classificasse sempre como um acadêmico, exclama em uma certa passagem que receia serem os estoicos os únicos filósofos e, toda vez que está combatendo o epicurismo, sua linguagem é a de um estoico. Algumas das passagens mais eloquentes de Virgílio[17] parecem ser inspiradas pela especulação estoica.[18] Mesmo Horácio,[19] apesar de sua troça em relação ao sábio, quando de sua disposição circunspecta toma emprestada a linguagem dos estoicos. Foram eles que inspiraram os mais elevados arroubos de eloquência declamatória em Pérsio[20] e Juvenal[21]. A filosofia moral deles afetou o mundo por

---

15. ...*fire philosophy*...: para Heráclito o elemento primordial da natureza era o fogo. (N.T.)
16. Leucipo, filósofo pré-socrático florescente no século V a.C., proveniente de Abdera, Eleia ou Mileto; mestre de Demócrito. (N.T.)
17. Públio Virgílio Maro (70-19 a.C.), poeta latino. (N.T.)
18. *Geórgicas*, iv, 219-227; *Eneida*, vi, 724-751. Cp. D.L., vii, parágrafo 110; *Aug.* C.D., xiv, 3.
19. Quinto Horácio Flaco (65-8 a.C.), poeta latino. (N.T.)
20. A. Flaco Pérsio (34-62 d.C.). (N.T.)
21. Décimo Júnio Juvenal (?60-?140 d.C.), poeta romano. (N.T.)

meio do direito romano, cujos grandes mestres foram educados sob sua influência. Essa filosofia moral dos estoicos foi realmente tão amplamente difundida que era lida pelos judeus de Alexandria no contexto de Moisés sob o véu da alegoria, e foi declarado que constituía o significado secreto das Escrituras hebraicas. Se os estoicos, então, não contribuíram para acrescentar muito ao corpo da filosofia, realizaram um grande trabalho para sua popularização e fazê-la exercer um efeito sobre a vida.

Um acentuado espírito prático foi uma característica da filosofia grega tardia. Foi um ponto comum do estoicismo e de seu rival, o epicurismo. Ambos concebiam a filosofia como "a arte de viver", embora divergissem quanto à sua concepção do que deveria ser essa arte. Ainda que essas duas escolas se opusessem largamente, tinham também outros traços em comum. Ambas eram rebentos de uma era na qual a cidade livre cedera o espaço às monarquias e a vida pessoal substituíra a vida corporativa. A questão da felicidade não é mais, como com Aristóteles, e ainda mais com Platão, algo em prol do Estado, mas em prol do indivíduo. Em ambas as escolas o interesse especulativo já se mostrou insignificante desde o início, tendendo a se tornar mais insignificante com o passar do tempo. Ambas foram recomeços de escolas preexistentes. O estoicismo originou-se da escola cínica,[22] tal como o epicurismo, da escola cirenaica. Ambas se contentaram, no que dizia respeito à sua física, em recuar e recorrer às escolas pré-socráticas: o estoicismo ao adotar a filosofia do fogo de Heráclito; o epicurismo, a teoria atômica de Demócrito[23]. Ambas reagiram vigorosamente contra as abstrações de Platão e de Aristóteles, e nada toleravam exceto a realidade concreta. Os estoicos eram inteiramente tão materialistas ao seu próprio modo quanto os epicurianos. Na verdade, com respeito à natureza do bem supremo, podemos, com

---

22. Fundada por Antístenes de Atenas (?-400 a.C.). (N.T.)
23. Demócrito de Abdera (?460-?360 a.C.), filósofo da natureza pré-socrático. (N.T.)

Sêneca,[24] representar a diferença entre essas duas escolas como uma questão dos sentidos contra o intelecto; todavia, veremos logo adiante que os estoicos consideravam o próprio intelecto como uma espécie de corpo.

Todos os gregos concordavam que havia um fim ou objetivo para a vida, e que este era para ser chamado de "felicidade", mas a sua concordância terminava por aí. No tocante à natureza da felicidade havia uma variedade imensa de opiniões. Para Demócrito ela era a serenidade mental;[25] para Anaxágoras,[26] a especulação; para Sócrates, a sabedoria; para Aristóteles, a prática da virtude somada a uma certa quantidade do favorecimento da sorte; para Aristipo, simplesmente o prazer. Essas eram as opiniões dos filósofos. Entretanto, além delas, havia as opiniões dos homens ordinários, mais exibidas por suas vidas do que por seus discursos. A contribuição de Zenão ao pensamento no que respeita a essa matéria não parece, à primeira vista, esclarecedora. Afirmou que o fim era "viver harmoniosamente"[27], sugerindo indubitavelmente que nenhuma vida, salvo a destituída de paixão da razão, poderia em última instância ser hamoniosa consigo mesma. Cleantes[28], seu sucessor imediato na escola, recebe o crédito de ter acrescentado as palavras "com a natureza", completando assim a famosa fórmula estoica de que o fim é "viver harmoniosamente com a natureza"[29].

Os gregos admitiam que os caminhos da natureza eram "os caminhos do que é agradável", e que "todas as suas sendas" eram

---

24. *Epist.* 124, parágrafo 2: *quicumque voluptatem in summo ponunt, sensibile iudicant bonum: nos contra intellegibile, qui illud animo damus.**
   * Lúcio Aneu Sêneca (?4 a.C.-65 d.C.), filósofo estoico, dramaturgo e político romano. (N.T.)
25. Estobeu, ii, 76; D.L., ix, parágrafo 45.
26. Anaxágoras de Clazomena (500-428 a.C.), filósofo pré-socrático. (N.T.)
27. Estobeu, *Ecl.*, ii, 132, τὸ ὁμολογουμένως ζῆν (*tò homologyménos zên*).
28. Cleantes (Cleanto) de Assos (331-233 a.C.). (N.T.)
29. Estobeu, *Ecl.*, ii, 134; D.L., vii, parágrafo 87, τὸ ὁμολογουμένως τῇ φύσει ζῆν (*tò homologyménos têi phýsei zên*). Cícero, *De officiis*, ii, parágrafo 13, *convenienter naturae vivere.*

"paz". Isso pode nos parecer uma suposição surpreendente, mas cuja causa é não entendermos por "natureza"[30] o mesmo que eles entendiam. Nós associamos o termo à origem de uma coisa, quando eles, em lugar disso, o associavam ao fim; por "estado natural" entendemos um estado de selvageria, ao passo que eles entendiam por isso a mais elevada civilização; por natureza de uma coisa entendemos o que ela é ou foi, enquanto eles entendiam o que ela deve se tornar sob as condições mais favoráveis: não a maçã azeda, mas a terna glória das Hespérides,[31] digna de ser guardada por um dragão insone, era para os gregos a maçã natural. Daí assistirmos Aristóteles afirmando que o Estado é um produto natural porque é desenvolvido a partir de relações sociais que existem por natureza. Na verdade, natureza era para os gregos um termo altamente ambíguo, não menos do que para nós,[32] mas, no sentido que nos interessa agora, a natureza de qualquer coisa era definida pelos peripatéticos como "o fim de seu vir-a-ser"[33]. Uma outra definição deles exprime o assunto ainda com maior clareza: "O que cada coisa é, uma vez completado o seu desenvolvimento, declaramos ser isso a natureza de cada coisa."[34]

Levando até o fim essa concepção, os estoicos identificaram a vida em harmonia com a natureza com a vida em harmonia com a mais elevada perfeição que o ser humano poderia atingir. Ora, considerando que o ser humano era essencialmente um animal racional, sua obra como ser humano consistia em viver a vida ra-

---

30. Em grego φύσις (*phýsis*). (N.T.)
31. Na mitologia grega, ninfas que eram as guardiãs de um pomar ou bosque de macieiras que produziam maçãs de ouro. (N.T.)
32. Ver suas múltiplas definições dadas em Aristóteles, *Metafísica*, iv, 4.*
  * Trata-se de v. 4, ou seja, Livro V, capítulo 4; segundo a numeração referencial de Immanuel Bekker 1014b16-1015a19. (N.T.)
33. Aristóteles, *Metafísica*, iv, 4, parágrafo 7, τὸ τέλος τῆς γενέσεως (*tò télos tês genéseos*).*
  * Trata-se de v. 4, ou seja, Livro V, capítulo 4; segundo a numeração referencial de Immanuel Bekker 1015a12. (N.T.)
34. Aristóteles, *Política*, i, 2, parágrafo 8.

cional. E a perfeição da razão era a virtude. Consequentemente os caminhos da natureza não eram outros senão os caminhos da virtude. O resultado é a possibilidade de expressar a fórmula estoica de muitas maneiras que, contudo, davam no mesmo. O fim era viver a vida virtuosa, ou viver harmoniosamente, ou viver harmoniosamente com a natureza, ou viver racionalmente.

Sendo, então, a meta da vida atingir a felicidade por meio da virtude, como se relacionava a filosofia com essa meta? Já vimos que ela era considerada como "a arte de viver". Tal como a medicina era a arte de curar e a náutica, a arte de navegar, era necessário existir uma arte de viver. Seria razoável que metas inferiores fossem objeto de atenção, enquanto o fim supremo, negligenciado?

CAPÍTULO II
DIVISÃO DA FILOSOFIA

A filosofia era definida pelos estoicos como "o conhecimento das coisas divinas e humanas".[35] Foi dividida em três departamentos: lógica, ética e física. Na verdade, essa divisão existia antes do tempo dos estoicos,[36] mas eles ficaram com o crédito disso, como de algumas outras coisas que não criaram. Tampouco estava circunscrito a eles, constituindo parte da bagagem comum do pensamento. Mesmo os epicurianos, que dizem haver rejeitado a lógica, dificilmente podem ser considerados dissidentes dessa divisão tríplice. Com efeito, o que fizeram foi substituir a lógica estoica por uma lógica própria,[37] lidando com as noções derivadas dos sentidos, muito semelhantemente à substituição realizada por Bacon[38], substituindo o *Órganon* de Aristóteles pelo *Novum Organum*. Cleantes, fomos informados,[39] reconhecia seis partes da filosofia, nomeadamente a dialética, a retórica, a ética, a política, a física e a teologia, mas estas são obviamente o resultado da subdivisão das partes primárias. Com referência aos três departamentos, podemos dizer que a lógica se ocupa da forma e expressão do conhecimento; a física, da matéria do conhecimento; e a ética, do uso do conhecimento. Essa divisão também pode ser justificada da maneira que se segue. É necessário que a filosofia estude

---

35. Cícero, *Fin.*, ii, parágrafo 37; *De officiis*, i, parágrafo 153: Plutarco, 874 E, Plac. Phil., i, *ad init.*
36. Aristóteles, *Tópicos*, i, 14, parágrafo 4: Cícero, *Acad. Post.*, parágrafo 19; *Fin.*, iv, parágrafo 4, v, parágrafo 9.
37. Sêneca, *Ep.* 89, parágrafo 11.
38. Francis Bacon (1561-1626), filósofo e político inglês. (N.T.)
39. D.L., vii, parágrafo 41.

ou a natureza (incluindo a natureza divina) ou o ser humano; e, se estuda o ser humano, precisa considerá-lo ou do lado do intelecto ou daquele dos sentimentos, isto é, ou como um ser pensante (lógico), ou como um ser que age (ético).

Quanto à ordem na qual os diferentes departamentos deveriam ser estudados, foram preservadas para nós as próprias palavras de Crísipo[40] no seu quarto livro em *Vidas*.[41] São elas: "Portanto, acima de tudo, a mim parece que, como foi dito acertadamente pelos antigos, há três departamentos nos quais as especulações do filósofo recaem, a saber, o lógico, o ético e o físico; a seguir, que desses o lógico deveria vir em primeiro lugar; o ético, em segundo; e o físico, em terceiro; e que, no que se refere ao físico, a abordagem dos deuses deveria vir em último lugar, motivo pelo qual inclusive eles deram o nome de 'completamentos'[42] à instrução proferida acerca desse assunto."[43] Que essa ordem, porém, pudesse servir de conveniência, fica claro com base em um outro livro a respeito do uso da razão no qual ele diz que "o estudante que se ocupa primeiramente da lógica não precisa se abster inteiramente dos demais ramos da filosofia, devendo também estudá-los se houver oportunidade para isso".[44]

Plutarco[45] critica Crísipo por incoerência, porque, a despeito dessa declaração quanto à ordem de abordagem, ele diz que a moral se apoia na física. No que toca, porém, a essa acusação, é possível responder com razoabilidade que a ordem de exposição não necessita coincidir com a ordem da existência. Metafisicamente falando, a moral pode depender da física e a correta conduta humana

---

40. Crísipo de Soles (ou de Tarso) (280-210 a.C.), filósofo estoico grego e terceiro diretor da escola. (N.T.)
41. Plutarco, 1035A-B, *Sto. Repug.* 9.
42. τελετάς (*teletás*).
43. Esta passagem, mais o auxílio prestado por Sexto Empírico em *adv. Math.*, vii, parágrafo 22, capacita-nos a corrigir a afirmação de D.L., vii, parágrafo 40.
44. Plutarco, 1035E, *Sto. Repug.* 9.
45. Plutarco de Queroneia (?45-?120 d.C.), filósofo e biógrafo grego. (N.T.)

ser deduzível a partir da estrutura do universo, mas, em função de tudo isso, pode ser aconselhável estudar física posteriormente. "Física" significava a natureza de Deus e do universo. Nossa natureza pode ser deduzível disso, mas é a nós melhor conhecida como ponto de partida, de forma que pode ser conveniente começar pela extremidade do bastão que temos nas mãos.

Mas que Crísipo realmente ensinou a dependência lógica da moral em relação à física está claro com base em suas próprias palavras. Em seu terceiro livro sobre os deuses ele diz: "Com efeito, não é possível descobrir qualquer outra origem da justiça ou do modo de sua geração exceto a partir de Zeus e da natureza do universo, pois qualquer coisa que tivermos que dizer acerca do bem e do mal tem que derivar sua origem daí", e novamente em suas *Teses Físicas*: "Com efeito, não existe outra maneira, ou maneira mais apropriada de abordar a questão do bem e do mal nas virtudes ou felicidade do que a partir da natureza de todas as coisas e da administração do universo... pois é a essas que temos que vincular o tratamento do bem e do mal, posto não haver melhor origem a que possamos referi-las, e uma vez que a especulação física é assumida somente em vista da distinção entre o bem e o mal."[46].

Essas últimas palavras merecem atenção na medida em que mostram que mesmo com Crísipo, que foi chamado de o fundador intelectual do estoicismo, toda a ênfase da filosofia do Pórtico recaía no seu ensinamento moral. Era uma metáfora favorita da escola comparar a filosofia com um vinhedo ou pomar fértil. A ética era o bom fruto; a física, as árvores altas; e a lógica, o muro vigoroso. O muro existia somente para guardar as árvores, e as árvores somente para produzir o fruto.[47] Ou, por outro lado, a filosofia era comparada a um ovo, do qual a ética era a gema contendo o pintinho; a física, a clara que formava a nutrição dele; ao passo que a

---

46. Plutarco, 1035C-D, *Sto. Repug.* 9.
47. Fílon, i, 302; *De Agr.*, parágrafo 3, i, 589; *Mut. Nom.*, 10; S.E. *adv. M.*, vii, parágrafo 17; D.L., vii, parágrafo 40.

lógica era a casca externa dura. Posidônio,[48] um membro posterior da escola, objetou a metáfora do vinhedo sob o fundamento de que o fruto, as árvores e o muro eram todos separáveis, enquanto as partes da filosofia eram inseparáveis. Assim, preferiu compará-la a um organismo vivo, a lógica sendo os ossos e os nervos; a física, a carne e o sangue; mas a ética, a alma.[49]

---

48. Posidônio de Apameia (Síria). Floresceu *c.* 128-44 a.C. (N.T.)

49. S.E. *adv. M.*, vii, parágrafos 18, 19; D.L., vii, parágrafo 40, que intercambia os lugares do físico e do ético.

CAPÍTULO III
LÓGICA

Os estoicos obtiveram uma reputação tremenda no que respeita à lógica. Nesse departamento foram os sucessores, ou melhor, foram eles que tomaram o lugar de Aristóteles. Realmente, após a morte de Teofrasto,[50] diz-se que a biblioteca do Liceu foi soterrada em Esquêpsis[51] até cerca de um século antes de Cristo, de modo que é possível realmente o *Órganon*[52] ter se mantido perdido para o mundo durante esse período. De qualquer modo, sob a direção de Estráton, o sucessor de Teofrasto, que se especializou em ciência natural, a escola peripatética perdera sua amplitude e abrangência. Cícero[53] julga, inclusive, em concordância com a retidão dramática, fazer Catão[54] acusar os peripatéticos tardios de ignorância em matéria de lógica! Por outro lado, Crísipo tornou-se tão famoso por conta de sua lógica a ponto de criar uma impressão geral de que, se havia uma lógica entre os deuses, não seria outra senão a crisipiana.[55]

---

50. Monitor no Liceu e principal discípulo de Aristóteles, além de seu assistente. Foi também um dos seus sucessores (N.T.).
51. Em grego Σκῆψις (*Skêpsis*), cidade da Mísia, uma das regiões da Ásia Menor (península na antiguidade ocupada pelo Império Persa, hoje Anatólia, a Turquia asiática). (N.T.).
52. Extensa obra de Aristóteles, composta de seis tratados, que estabelece as bases da lógica formal. (N.T.).
53. *Fin.*, iii, parágrafo 41.
54. Difícil saber a qual Catão Cícero se refere exatamente, mas sua alusão deve ser a Catão, o Jovem (95-46 a.C.) (*Marcus Porcius Cato*), conhecido como Catão de Útica, filósofo estoico, contemporâneo de Cícero e como este, republicano e adversário político de Júlio César. (N.T.).
55. Cícero, *Brut.*, parágrafo 118.

Mas se os estoicos foram fortes em lógica, foram fracos em retórica.[56] Essa força e essa fraqueza foram características da escola em todos os períodos. Catão é o único estoico romano ao qual Cícero louva por efetiva eloquência. Nos estertores da escola, tais como os ouvimos em Marco Aurélio,[57] o sábio imperial considera algo pelo que agradecer ter aprendido abster-se da retórica, da poética e da elegância no discurso.[58] O leitor, contudo, não pode deixar de desejar que ele tivesse lançado mão de algum recurso a fim de diminuir a aspereza de seu estilo confuso.[59] Se uma lição fosse necessária quanto à importância de sacrificar às Graças[60], poderia ser encontrada no fato de que os primeiros escritores estoicos, a despeito de sua sutileza lógica, haviam todos perecido, e o que restava deles precisar ser buscado tão largamente nas páginas de Cícero. Ao nos referirmos à "lógica" como um dos três departamentos da filosofia, é necessário termos em mente que esse termo tinha um sentido muito mais amplo do que tem entre nós. Incluía a retórica, a poética e a gramática, bem como a dialética, ou lógica propriamente dita, isso sem mencionar as investigações em torno dos sentidos e o intelecto, que atualmente deveríamos vincular à psicologia.

A escola, assim foi dito, era fraca em retórica. No entanto, Cleantes escreveu uma Arte da Retórica, o mesmo fazendo Crísipo,

---

56. Cícero, *Brut.*, parágrafo 118, *Paradoxa,* Introd., parágrafo 2.
57. Marco Aurélio Antonino (121-180 d.C.), imperador romano de 161 a 180 d.C. e filósofo estoico. (N.T.)
58. Marc. Ant., i, parágrafo 7.*
    * Leia-se Marco Aurélio, *Meditações,* Livro I, 7. (N.T.)
59. Com o devido respeito ao autor, o ilustre Professor St. George Stock, cabe-nos informar ao leitor que Marco Aurélio não era um *literato* e jamais se arvorou como tal, e que suas *Meditações* são uma espécie de diário escrito por ele durante expedições bélicas, contendo considerações de um estoico dirigidas a ele próprio, e que, em princípio e a rigor, presume-se, não eram sequer para serem publicadas. (N.T.)
60. Divindades personificadoras da graça, em grego Χάριτες (*Khárites*), filhas de Zeus e Eurinomeia. (N.T.)

mas tais que podiam levar Cícero a recomendar sua leitura atenta a todo aquele cuja ambição fosse manter a boca fechada.[61] Eles adotaram a divisão bem estabelecida da retórica em deliberativa, judicial e demonstrativa, reconhecendo que os objetivos do discurso público são influenciar as deliberações dos seres humanos, ou pleitear a causa de justiça, ou propor alguma pessoa ou coisa como objeto de louvor ou censura.[62] Entre os requisitos do orador enumeravam a criatividade, o estilo, o arranjo e a elocução.[63] Um quinto requisito, nomeadamente a memória, é usualmente acrescentado;[64] com efeito, os outros instrumentos são pouco úteis ao orador se não houver memória para reter o pensamento, a linguagem e o arranjo. Um outro ponto em que os estoicos seguiam a tradição estabelecida era decompor um discurso em prefácio, narrativa, controvérsia e conclusão.[65]

No tocante à "criatividade", Cícero se queixa dos estoicos quanto a negligenciá-la como uma arte.[66] Nada possuíam que correspondesse aos tópicos[67] de Aristóteles a fim de suprir material para a dialética, nem qualquer *vade mecum* do orador, tal como a posterior "Arte" de Hermágoras, que quase poupava às pessoas o esforço de pensar.

A lógica como um todo sendo dividida em retórica e dialética, a retórica foi definida como sendo "a ciência de como falar bem nos discursos expositivos", e a dialética como sendo "a ciência de como argumentar acertadamente em matérias envolvendo ques-

---

61. *Fin.*, iv, parágrafo 7.
62. Aristóteles, *Retórica*, i, 2, parágrafo 3; *ad Alex.*, 2, parágrafo 1; D.L., vii, parágrafo 42; Cícero, *Inv.*, i, parágrafo 7; *Cornif. ad Herenn.*, i, 2, parágrafo 2.
63. D.L., vii, parágrafo 42.
64. Cícero, *Inv.*, i, parágrafo 9; *Cornif. ad H.*, i, parágrafo 3; *Fílon*, i, 652, *De Somn.*, i, 35.
65. D.L., vii, parágrafo 42; Cícero, *Inv.*, i, parágrafo 19; *Cornif. ad H.*, i, parágrafo 4.
66. *Fin.*, iv, parágrafo 10.
67. Alusão aos *Tópicos*, o quinto tratado do *Órganon*. (N.T.)

tões e respostas".[68] Tanto a retórica quanto a dialética eram tidas como virtudes pelos estoicos, pois dividiam a virtude no seu sentido mais genérico do mesmo modo que dividiam a filosofia: física, ética e lógica.[69] A retórica e a dialética eram assim as duas espécies de virtude lógica. Zenão expressou sua diferença comparando a retórica à palma da mão e a dialética, ao punho.[70]

Em lugar de acrescentar a poética e a gramática à retórica, os estoicos subdividiram a dialética na parte que se ocupava do significado e na parte que se ocupava da fonética, ou, segundo a fraseologia de Crísipo, que tocava aos significantes e significados.[71] A primeira parte compreendia a abordagem do alfabeto, das partes do discurso, do solecismo, do barbarismo, dos poemas, das anfibolias, da métrica e música[72] – uma lista que parece à primeira vista um pouco confusa, mas na qual podemos reconhecer os traços gerais da gramática, com seus departamentos da fonologia, flexão e prosódia. O tratamento do solecismo e do barbarismo na gramática correspondia ao das falácias na lógica. No que dizia respeito ao alfabeto, vale a pena observar que os estoicos reconheciam sete vogais e seis letras mudas.[73] Isso mostra maior exatidão do que nosso modo de falar de nove letras mudas, posto que as consoantes aspiradas claramente não são mudas. De acordo com os estoicos, havia cinco partes do discurso: nome, apelativo, verbo, conjunção e artigo. *Nome* significava um nome próprio, enquanto *apelativo*[74], um nome comum. Considerava-se que existiam cinco virtudes da

---

68. Sêneca, *Ep.* 89, parágrafo 17; D.L., vii., parágrafos 41, 42.
69. Cícero, *Acad. Post.*, parágrafo 5, cp. *Pr.*, parágrafo 132; Plutarco, 874E, *Plac. Phil.*, i, *ad init.*; D.L., vii, parágrafo 92.
70. Cícero, *Fin.*, ii, parágrafo 17; *Orat.*, parágrafo 113; Quintiliano, *Inst.*, ii, 20, parágrafo 7.
71. Sêneca, *Ep.* 89, parágrafo 17; D.L., vii, parágrafos 43, 62.
72. D.L., vii, parágrafo 44.
73. *Ibid.*, parágrafo 57.
74. προσηγορία (*prosegoría*), D.L., vii, parágrafo 58.

linguagem: helenismo, clareza, concisão, propriedade e distinção. Por *helenismo* entendia-se falar o bom grego. A *distinção* era definida como "uma maneira de se expressar que evitava a linguagem vulgar".[75] Na contramão dessas virtudes havia dois vícios abrangentes, o barbarismo e o solecismo, um consistindo em contrariar a flexão, o outro, em contrariar a sintaxe.

Não se associa muito a ideia de poesia à austera seita dos estoicos. De qualquer modo, dever-se-ia lembrar que a mais bela forma de expressão devocional do paganismo é o *Hino a Zeus* de Cleantes, e que Arato[76] entre os gregos, e entre os romanos Manílio,[77] Sêneca, Pérsio e Juvenal podem ser apontados a conceder crédito à escola.

A anfibolia foi definida como "expressão significante de duas ou mais coisas no estrito sentido de prosa dos termos e na mesma língua". Trata-se, assim, de um nome geral para ambiguidade.[78]

Chegamos agora àquela parte da dialética que se ocupa do significado, não com a expressão, e que atende a nossa lógica. Os estoicos estavam longe de admitir aquela concepção circunscrita de lógica que a limitaria à mera coerência e negar sua relação com a verdade. Definiam a dialética como "a ciência do que é verdadeiro e falso, e o que não é nem um nem outro".[79] Nesse último aspecto surgiria uma questão. A lógica antiga essencialmente dizia respei-

---

75. D.L., vii, parágrafo 59, κατασκευὴ δέ ἐστι λέξις ἐκπεφευγυῖα τὸν ἰδιωτισμόν (*kataskeyè dé esti léxis ekpepheygyîa tòn idiotismón*).
76. Arato de Soles (315-240 a.C.), poeta, filósofo, astrônomo e médico grego. (N.T.)
77. Marcus Manilius (floresceu no primeiro século da era cristã), poeta estoico romano. (N.T.)
78. O exemplo dado por D.L., vii, parágrafo 62, é αὐλητρὶς πέπτωκε (*ayletrìs péptoke*), cujo significado pode ser (1) A casa caiu três vezes; (2) A flautista caiu. Isso é o que Aristóteles chamaria de a falácia da divisão.*

　* αὐλητρὶς (*ayletrìs*) significa flautista [moça que toca flauta], com o que temos o significado 2, mas se dividirmos αὐλητρὶς (*ayletrìs*) em αυλή (*aylé*), casa, moradia e τρίς (*trís*), três vezes, teremos o significado 1. (N.T.)

79. D.L., vii, parágrafos 42, 62.

to a isso, na medida em que era conduzida mediante questões e respostas. Com base no ponto de vista amplo da definição estoica de dialética, é evidente que o problema do cânone e critério da verdade se apresenta como fundamental; e essa definição também se torna matéria de grande importância na medida em que diz respeito a determinar a real natureza das coisas. Era por meio do critério que as diferentes informações dos sentidos tinham que ser corrigidas; e se definições não fossem fundadas em ideias verdadeiras, nossa apreensão da realidade seria desde o início debilitada.[80] Portanto, com os estoicos, tal como conosco, as dificuldades da lógica surgiram no começo. Eles ousadamente mergulharam no assunto mediante uma investigação das impressões sensoriais, sentindo que, se a verdade era para ser sustentada, tinha que ser confiando na validade dos sentidos.[81] Depois disso os tópicos vêm bem na nossa ordem. O tratamento da sensação conduz àquele das noções, que são nossos conceitos ou termos; em seguida temos uma investigação das proposições, suas partes e variedades, disfarçada enormemente por meio de uma estranha fraseologia; então vêm os modos e os silogismos; e, por último, as falácias.[82]

A famosa comparação da mente de uma criança com uma folha de papel em branco, que vinculamos tão estreitamente ao nome de Locke,[83] é realmente proveniente dos estoicos.[84] Os primeiros caracteres nela inscritos eram as impressões dos sentidos, as quais os gregos chamavam de *fantasias*.[85] Zenão definiu a fantasia como

---

80. D.L., vii, parágrafo 42.
81. *Ibid.*, parágrafo 49. Cícero, *Acad. Pr.*, parágrafo 29, diz que o critério de verdade e a natureza do bem supremo são as duas questões de soberana importância na filosofia.
82. D.L., vii, parágrafo 43.
83. John Locke (1632-1704), filósofo inglês. (N.T.)
84. Plutarco, 900B, *Plac.* 11.
85. Uma das acepções da palavra φαντασία (*phantasía*) é *imagem que atinge a mente*, aparentada a um dos sentidos da palavra φάντασμα (*phántasma*), *imagem*

"uma impressão na alma".[86] Cleantes contentou-se em tomar essa definição em seu sentido literal, e acreditou que a alma recebia impressões de objetos externos como a cera de um anel de sinete.[87] Crísipo, todavia, detectou aqui uma dificuldade, e preferiu interpretar as palavras do mestre como significando uma alteração ou mudança na alma.[88] Imaginava para si mesmo a alma recebendo uma modificação de todo objeto externo que atua sobre ela, tal como o ar recebe incontáveis golpes quando muitas pessoas estão falando ao mesmo tempo.[89] Ademais, declarava que, ao receber uma impressão, a alma se encontrava puramente passiva, e que a fantasia revelava não só sua própria existência como também a de sua causa, tal como a luz exibe a si mesma e as coisas que nela estão.[90] Assim, quando por meio da visão recebemos uma impressão do branco, a alma experimenta um sentimento[91] em virtude do qual somos capazes de dizer que existe um objeto branco nos afetando. O poder de nomear o objeto reside no entendimento. É necessário que ocorra primeiramente a fantasia, e então o entendimento, de posse do poder de expressão, expressa no discurso o sentimento que ele recebe do objeto. A causa da fantasia era chamada de *phantast*,[92] por exemplo o objeto branco ou frio. Se não há causa externa, então o suposto objeto da impressão era um *fantasma*,[93]

---

que atinge a mente proveniente de um objeto externo. Não demorará para que a palavra φαντασία adquira o sentido de *ideia*. (N.T.)

86. τύπωσις ἐν ψυχῇ (*týtosis en psykhêi*), D.L., vii, parágrafos 45, 50; S.E. *adv. M.*, vii, 228, 230.

87. D.L., vii, parágrafo 45; S.E. *adv. M.*, vii, 228, 372; viii, 400.

88. D.L., vii, parágrafo 50, ἀλλοίωσις (*alloíosis*); S.E. *adv. M.*, vii, 230, ἑτεροίωσις (*heteroíosis*).

89. S.E. *adv. M.*, vii, 230, 231.

90. Plutarco, 900D, *Plac.* 11; cp. S.E. *adv. M.*, vii, 162, 163.

91. ...*affection*..., estado passivo, emoção, precisamente em um dos sentidos do grego πάθος (*páthos*). (N.T.)

92. Plutarco, 900E, *Plac.* 12.

93. O autor alude aqui a uma outra acepção da palavra φάντασμα (*phántasma*). (N.T.)

tal como uma imagem em um sonho, ou as Fúrias[94] que Orestes[95] vê em sua loucura.[96]

Como então distinguir a impressão que tinha realidade por trás de si daquela que não a tinha? "Pela sensação" é tudo o que os estoicos realmente tinham a dizer como resposta a essa questão. Tal como Hume[97] fez a diferença entre impressões sensoriais e ideias residir na maior vividez das primeiras, também assim fizeram eles: só que Hume não viu necessidade de ir além da impressão, enquanto os estoicos, sim. Certas impressões, sustentavam eles, carregavam consigo uma convicção irresistível de sua própria realidade, e isso não meramente no sentido de que existiam, mas também de que eram suscetíveis de serem referidas a uma causa externa. Eram chamadas de *fantasias de apreensão*.[98] Tal fantasia não necessitava prova de sua própria existência, ou daquela de seu objeto. Possuía autoevidência.[99] Sua ocorrência era atendida com a cessão e o assentimento da parte da alma.[100] Com efeito, é tão natural para

---

94. Divindades vingadoras que puniam os crimes de sangue, chamadas pelos gregos de Ἐρινύες (*Erinýes*). (N.T.)

95. Príncipe de Argos, filho de Agamenon (comandante do exército grego na Guerra de Troia) e Clitemnestra. Sua mãe e seu amante, Egisto, haviam assassinado seu pai na infância de Orestes, um dos motivos tendo sido o sacrifício de Ifigênia, sua irmã mais velha, pelas mãos do próprio pai. Uma vez adulto, Orestes, orientado pelo Oráculo de Delfos, mata Egisto e a própria mãe. As Fúrias o punem levando-o à insanidade. (N.T.)

96. Eurípides, *Orestes*, 255-59.

97. David Hume (1711-1776), filósofo e historiador escocês. (N.T.)

98. καταληπτικαί φαντασίαι (*kataleptikaí phantasíai*). O nome é ambíguo, sendo usado às vezes no sentido de *apreensíveis*, com referência ora à apreensão do objeto na mente, ora à apreensão da inteligência do objeto. Por duas vezes Cícero insiste nesse último sentido como sendo aquele de Zenão, *Acad. Post.*, parágrafo 41; *Pr.*, parágrafo 145. Cp. *Fin.*, iii, parágrafo 17; v, parágrafo 76; *Acad. Pr.*, parágrafos 17, 31, 62.

99. ἐνάργεια (*enárgeia*). Cícero, *Acad. Pr.*, parágrafo 17; *Post.*, parágrafo 41; S.E. *adv. M.*, vii, 364.

100. D.L., vii, parágrafo 51, μετὰ εἴξεως καὶ συγκαταθέσεως (*metà heíxeos kaì sygkatathéseos*).

a alma assentir ao autoevidente como é para este perseguir o seu próprio bem.[101] O assentimento a uma fantasia de apreensão era chamado de *compreensão*, indicando a firme apreensão que a alma assim tomava da realidade.[102] Uma fantasia de apreensão era definida como "aquela que estava estampada e impressa a partir de um objeto existente em virtude daquele próprio objeto, de tal maneira que não podia ser a partir de um objeto não existente".[103] A oração "em virtude daquele próprio objeto" foi introduzida na definição a título de precaução em um caso como aquele do Orestes insano, que confunde sua irmã com uma Fúria.[104] Aí a impressão foi derivada de um objeto existente, mas não do objeto como tal, mas tal como colorido pela imaginação daquele que o percebe.

O critério de verdade, então, não era outra coisa senão a fantasia de apreensão. Tal, ao menos, foi a doutrina dos primeiros estoicos.[105] Os posteriores, entretanto, adicionaram uma ressalva: "quando não há nenhum impedimento". Com efeito, sofreram pressão de seus opositores mediante tais casos imaginários como o de Admeto[106], que vê sua esposa diante de si na realidade, ainda que não acreditando ser ela. Mas aqui houve um impedimento. Admeto não acreditava que os mortos pudessem ressuscitar. Por outro lado, Menelau[107] não acreditou na Helena[108] real quando a encontrou na

---

101. Cícero, *Acad. Pr.*, parágrafo 38.
102. S.E. *adv. M.*, vii, 154.
103. *Ibid.*, 248; D.L., vii, parágrafos 46, 50; Cícero, *Acad. Pr.*, parágrafos 18, 77, 112.
104. Eurípides, *Orestes,* 264.
105. S.E. *adv. M.*, vii, 253; D.L., vii, parágrafo 54.
106. Na mitologia grega, o rei de Feras, cidade da Tessália, filho de Feres e Periclimene. Participou da expedição dos Argonautas rumo a Cólquida em busca do tosão de ouro e foi esposo de Alceste, que morreu e voltou dos mortos. (N.T.)
107. Filho de Atreu e irmão de Agamenon, Menelau foi rei de Esparta, esposo de Helena e um dos integrantes da frota grega de mil belonaves que se dirigiu a Troia, dando início a essa célebre guerra. (N.T.)
108. Rainha de Esparta e esposa de Menelau, Helena, ao envolver-se romanticamente com o príncipe Páris (Ἀλέξανδρος [*Aléxandros*]) de Troia e fugir com ele

ilha de Faros[109]. Mas aqui novamente houve um impedimento, pois não se podia ter esperado de Menelau que soubesse que ele estivera durante dez anos lutando por um fantasma. Quando, porém, não havia tal impedimento, nesse caso – diziam – a fantasia de apreensão realmente merecia seu nome, pois ela quase agarrava homens pelos seus cabelos da cabeça e os arrastava para o assentimento.[110]

Até agora utilizamos o termo *fantasia* somente no que se refere a impressões reais ou imaginárias dos sentidos. Mas esse termo não era restringido assim pelos estoicos, que dividiam as fantasias em sensíveis e não sensíveis. Estas últimas surgiam por meio do entendimento, e eram de coisas destituídas de corpo, que só podiam ser apreendidas pela razão.[111] As "ideias" de Platão, declaravam, existiam somente em nossas mentes. *Cavalo, homem* e *animal* não possuíam uma existência substancial, sendo apenas fantasias da alma. Os estoicos foram, assim, o que deveríamos chamar de conceitualistas.[112]

Também o termo compreensão foi usado em um sentido mais amplo do que aquele no qual o empregamos até agora. Havia compreensão pelos sentidos, como do branco e do preto, do áspero e do liso, mas havia compreensão igualmente pela razão de conclusões demonstrativas, tais como aquela de que os deuses existem e que eles ministram providência.[113] Aqui somos lembrados da declaração de Locke:[114] "É tão certo existir um Deus quanto os ângulos opostos formados pela intersecção de duas linhas retas serem

---

para Troia, ofereceu o motivo ou o pretexto material para a eclosão da Guerra de Troia, passando a ser conhecida, inclusive, como Helena de Troia. (N.T.)
109. No mundo antigo, ilha situada na baía da cidade de Alexandria, no Egito, vinculada sobretudo ao célebre farol de Alexandria. Hoje não é mais propriamente uma ilha, mas uma península de modestas dimensões. (N.T.)
110. S.E. *adv. M.*, vii, 257.
111. D.L., vii, parágrafo 51.
112. Estobeu, *Ecl.*, i, 332; Plutarco, 882E, *Plac.* 10.
113. D.L., vii, parágrafo 52.
114. *Ensaio*, i, 4, parágrafo 16.

iguais.". Realmente os estoicos entretinham grandes afinidades com esse pensador, ou melhor, ele com os estoicos. A explicação estoica da maneira pela qual a mente chega a suas ideias quase que poderia ser tirada do primeiro Livro do *Ensaio* de Locke. São enumeradas nove maneiras, das quais a primeira corresponde a ideias simples:

(1) por apresentação, como objetos dos sentidos;[115]
(2) por semelhança, como a ideia de Sócrates a partir de seu retrato;
(3) por analogia, isto é, por aumento ou diminuição, como ideias de gigantes e pigmeus a partir de homens, ou como a noção do centro da Terra, a qual é alcançada pelo exame de esferas menores;
(4) por transposição, como a ideia de homens com olhos em seus peitos;
(5) por composição, como a ideia de um centauro;
(6) por oposição, como a ideia de morte a partir daquela de vida;
(7) por uma espécie de transição, como o significado das palavras e a ideia de lugar;[116]
(8) por natureza, como a noção do justo e do bom;
(9) por privação, como "maneta".[117]

Os estoicos também se assemelhavam a Locke no seu esforço de suprir uma tal definição de conhecimento que cobrisse ao mesmo tempo as informações dos sentidos e a relação entre ideias. O conhecimento foi definido por eles como "uma compreensão certa" ou "um hábito na aceitação de fantasias que não era suscetível de ser mudado pela razão".[118] Ao ouvi-las pela primeira vez,

---

115. D.L., vii, parágrafo 53; S.E., xi, 250.
116. D.L., vii, parágrafo 53; Cícero, *N.D.*, i., parágrafo 105.
117. Ver, ademais, Cícero, *Fin.*, iii, parágrafo 33; S.E., xi, 250, 251; D.L., x, parágrafo 32.
118. D.L., vii, parágrafo 47; Estobeu, *Ecl.*, ii, 128, 130; S.E., vii, parágrafo 151; Cícero, *Acad. Post.*, parágrafo 41.

essas definições poderiam parecer limitadas ao conhecimento sensível; se, porém, pensarmos nos significados mais amplos de "compreensão" e de "fantasia", veremos que as definições se aplicam, como se pretendia que se aplicassem, à apreensão da mente sobre a força de uma demonstração não menos do que sobre a existência de um objeto físico.[119]

Zenão, com aquele toque de simbolismo oriental que o caracterizava, costumava ilustrar as etapas do conhecimento aos seus discípulos por meio de gestos. Exibindo sua mão direita com os dedos estendidos diria "Isso é uma fantasia"; em seguida, contraindo um pouco os dedos diria "Isso é assentimento"; então, cerrando o punho diria "Isso é compreensão"; a seguir, apertando o punho estreitamente com a mão esquerda acrescentaria "Isso é conhecimento".

Uma *noção*, que corresponde à nossa palavra *conceito*, era definida como "uma fantasia do entendimento de um animal racional". Com efeito, uma noção não passava de uma fantasia da maneira como se apresentava a uma mente racional. De idêntico modo, tantos xelins e soberanos são em si mesmos apenas xelins e soberanos; entretanto, ao serem usados como dinheiro para comprar passagem, convertem-se em *preço de passagem*. Chegava-se a noções em parte pela natureza, em parte pelo ensinamento e o estudo. Esse primeiro tipo de noções era chamado de *preconcepção*, ao passo que o segundo respondia meramente pelo nome genérico.[120]

A partir das ideias gerais que a natureza nos transmite, a razão era aperfeiçoada por volta da idade de catorze anos, tempo em que a voz – seu signo exterior e visível – atinge seu desenvolvimento pleno, e quando o animal humano está completo em outros aspectos, estando capacitado a reproduzir sua espécie.[121] Portanto,

---

119. S.E., viii, 397.
120. Plutarco, 900B-D, *Plac.*, iv, 11; Cícero, *Acad. Pr.*, parágrafos 21, 22; *Fin.*, v, parágrafo 59; iii, parágrafo 33.
121. Plutarco, 900C, *Plac.*, iv, 11, 909C, *Plac.*, v, 23; Estobeu, *Ecl.*, i, 792.

a razão, a qual nos unia aos deuses, não era de acordo com os estoicos um princípio preexistente, mas um desenvolvimento gradual a partir dos sentidos. Seria verdadeiramente possível dizer que, em conformidade com eles, os sentidos eram o intelecto.[122]

O ser estava circunscrito, segundo os estoicos, ao corpo, uma ousada asserção cujas consequências confrontaremos mais tarde. De momento, basta notar a devastação causada por isso entre as categorias. Das dez categorias de Aristóteles, essa asserção faz restar apenas a primeira, a substância, e isso somente em seu sentido mais restrito de *substância primária*.[123] Mas uma substância, ou corpo, poderia ser considerada de quatro modos:

1. simplesmente como um corpo;
2. como um corpo de uma espécie particular;
3. como um corpo em um estado particular;
4. como um corpo em uma relação particular.

Daí resultam as quatro categorias estoicas de *substratos, semelhantes, de um modo dispostos e de um modo relacionados*.[124]

Mas com isso o incorpóreo não deixaria de existir, pois, nesse caso, o que fazer de coisas tais como o significado das palavras, o tempo, o espaço e o vazio infinito? Mesmo os estoicos não atribuíam corpo a essas coisas, e, no entanto, elas tinham que ser reconhecidas e tratadas. Essa dificuldade deixou de incomodar mediante a invenção da categoria mais elevada do "algo", que deveria incluir tanto o corpo quanto o destituído de corpo. O tempo era um "algo" e também o espaço, embora nem um nem outro possuísse ser.[125]

---

122. Cícero, *Acad. Pr.*, parágrafo 30.
123. Interessante consultar o primeiro tratado do *Órganon*, isto é, *Categorias*. (N.T.)
124. ὑποκείμενα, ποιά, πὼς ἔχοντα, πρός τι πὼς ἔχοντα (*hypokeímena, poiá, pòs ékhonta, prós ti pòs ékhonta*).
125. S.E., x, 218, 237; D.L., vii, 140-141; Estobeu, *Ecl.*, i, 392; Sêneca, *Ep.* 58, parágrafos 13, 15.

Na abordagem estoica da proposição, a gramática foi misturada em alto grau com a lógica. Dispunham de um nome de grande amplitude, que se aplicava a qualquer parte da fraseologia, quer uma palavra ou palavras, quer uma sentença, quer mesmo um silogismo.[126] Nós o traduziremos por "*dicto*". Um dicto era então definido como "aquilo que subsiste em correspondência com uma fantasia racional".[127] O dicto era uma das coisas que os estoicos admitiam ser destituído de corpo. Quando algo era dito, três coisas estavam envolvidas: o som, o sentido e o objeto externo. Destes, o primeiro e o último eram corpos, mas o intermediário não era um corpo.[128] Podemos ilustrá-lo, segundo Sêneca, da maneira que se segue. Você vê Catão caminhando. O que seus olhos veem e do que sua mente se ocupa é um corpo em movimento. Então você diz: "Catão está caminhando.". Realmente o mero som dessas palavras é ar em movimento e, portanto, um corpo, mas o significado delas não é um corpo, mas uma enunciação a respeito de um corpo, o que é algo completamente diferente.[129]

Ao examinar esses detalhes, tais como nos restaram da lógica estoica, a primeira coisa que impressiona é sua complexidade extrema se comparada à lógica aristotélica. Tratava-se de uma era escolástica, e os estoicos produziam refinamentos e distinções à vontade. No que se refere à inferência imediata, um assunto que tem sido conduzido a sutilezas entre nós, Crísipo estimava que as mudanças que podiam cercar dez proposições excediam um milhão, mas por conta dessa asserção ele foi criticado duramente por Hiparco, o matemático,[130] que provou que a proposição afirmativa daria origem a exatamente 103.049 formas e a negativa,

---

126. D.L., vii, parágrafo 63.
127. *Ibid.*, parágrafo 63; S.E., viii, 70.
128. S.E., viii, 11, 12.
129. Sêneca, *Ep.* 117, parágrafo 13.
130. Hiparco de Rodes, matemático e astrônomo, floresceu no século II a.C. e se destacou em Alexandria. (N.T.)

a 310.952.[131] Para nós, no que diz respeito a consequências, a proposição afirmativa é mais prolífica do que a negativa. Mas em seguida os estoicos, insatisfeitos com algo tão simples como a mera negação, passaram a dispor de proposições negativas, arnéticas[132] e privativas, isso para não mencionarmos as proposições supernegativas. Um outro aspecto digno de nota é a total ausência das três figuras de Aristóteles, e os únicos modos abordados são os modos do silogismo complexo, tais como o *modus ponens* em um conjuntivo. O tipo de raciocínio deles era:

Se A, então B.
Mas A.
∴ B.

O papel importante desempenhado pelas proposições conjuntivas em sua lógica levou os estoicos a formularem a seguinte regra no tocante à qualidade material de tais proposições: a verdade só pode ser sucedida pela verdade, mas a falsidade pode ser sucedida pela falsidade ou pela verdade.

Assim, se enunciado verdadeiramente que é dia, qualquer consequência desse enunciado, por exemplo que é luz, também é necessariamente verdadeira. Um enunciado falso, porém, pode conduzir em uma direção ou outra. Por exemplo, se for enunciado falsamente que é noite, então a consequência de estar escuro também é falsa. Mas se dizemos: "A Terra voa", o que era considerado não só falso como também impossível,[133] isso envolve a consequência verdadeira de que a Terra existe. Embora não haja alusão ao silogismo simples no esboço que Diógenes Laércio fornece da lógica estoica, ocorre com frequência nos relatos que nos deixa-

---

131. Plutarco, 1047C, *Sto. Repug.* 29.
132. Do grego ἀρνητικός (*arnetikós*), negativo. (N.T.)
133. Aqui é possível evocar a advertência de Arago* de não chamar nada de impossível fora da esfera da matemática pura.
    * Dominique François Arago [1786-1853], físico e astrônomo francês. (N.T.)

ram de seus argumentos. Tomemos, por exemplo, o silogismo por meio do qual Zenão advogava a causa da moderação:

> Não se confia um segredo a um homem que está embriagado.
> Confia-se um segredo a um homem bom.
> ∴ Um homem bom não se embriagará.

O argumento em cadeia, que denominamos erroneamente *sorites*, foi também um recurso favorito dos estoicos. Se não bastava um único silogismo na argumentação a favor da virtude junto às pessoas, com certeza uma série condensada deve ser eficiente! E assim eles demonstravam a suficiência da sabedoria, no que toca à felicidade, do seguinte modo:

> O sábio é moderado;
> O moderado é perseverante;
> O perseverante é imperturbável;
> O imperturbável está livre da dor;
> Aquele que está livre da dor é feliz.
> ∴ O sábio é feliz.[134]

O mencionado anteriormente servirá à guisa de espécime dos argumentos puramente verbais que os estoicos gostavam de propor. A Cícero agrada comparar o método deles a espinhos e ferrões que irritavam o exterior sem exercer qualquer efeito vital.[135] Se a lógica era a força deles, era também a sua fraqueza, pois, a despeito de sua convicção de que a lógica dizia respeito à verdade real das coisas, nós os assistimos a se regozijarem nas formas puras do raciocínio, a ponto de se contentarem em jogar o jogo até com fichas em lugar de moedas.

O prazer que os primeiros estoicos extraíam nesse puro jogo do intelecto levou-os a se lançarem com avidez sobre o suprimen-

---

134. Sêneca, *Ep.* 85, parágrafo 2; Cícero, *T.D.*, iii, parágrafo 18.
135. *Fin.*, iv, parágrafo 7; *T.D.*, ii, parágrafo 42; *Parad. Intr.*, parágrafo 2.

to copioso de falácias correntes entre os gregos de seu tempo. Parece que estas – a maioria delas – foram inventadas pelos megarianos[136] e, especialmente, por Eubulides de Mileto, um discípulo de Euclides,[137] mas se tornaram associadas aos estoicos tanto por amigos quanto por inimigos, os quais ou louvam sua sutileza ou caçoam de sua solenidade ao lidarem com elas. O próprio Crísipo não deixou de propor sofismas como os seguintes:

> Quem divulga os mistérios aos não-iniciados
> comete impiedade.
> O hierofante divulga os mistérios
> aos não-iniciados.
> ∴ O hierofante comete impiedade.
>
> Qualquer coisa que digas
> passa através de tua boca.
> Dizes "carroça".
> ∴ Uma carroça passa através de tua boca.

Dizem que ele escreveu onze livros acerca da falácia do *ninguém*. Mas o que parece haver exercitado maximamente sua engenhosidade foi o famoso *Mentiroso*, cuja invenção é atribuída a Eubulides.[138] Essa falácia, na sua forma mais simples, é a seguinte: se você declara verdadeiramente que está dizendo uma mentira, você está mentindo ou dizendo a verdade? Crísipo estabeleceu isso como inexplicável. No entanto, estava longe de se recusar a discuti-lo, pois na lista de suas obras encontramos um tratado em cinco Livros sobre os *inexplicáveis*; uma introdução ao Mentiroso e Mentirosos; seis Livros sobre o próprio Mentiroso; uma obra dirigida contra aqueles que achavam que tais proposições eram tanto falsas

---

136. Seguidores da doutrina da escola de Megara. (N.T.)
137. Euclides de Megara (*c.* 400 a.C.), filósofo fundador da escola de Megara. (N.T.)
138. Cícero, *Div.*, ii, parágrafo 11; Plutarco, 1070D; *Com. Not.*, 24; D.L., ii, parágrafo 108.

quanto verdadeiras; uma outra contra aqueles que professavam solucionar o Mentiroso mediante um processo de divisão; três Livros sobre a solução do Mentiroso; e, finalmente, uma polêmica contra aqueles que afirmavam que o Mentiroso tinha suas premissas falsas.[139] Foi bom para Filetas de Cós ter ele findado seus dias antes do nascimento de Crísipo, ainda que, como aconteceu, ele emagreceu e morreu por conta do Mentiroso, seu epitáfio servindo de lembrete solene dirigido aos poetas para não se intrometerem na lógica:

> *"Filetas de Cós eu sou;*
> *foi o Mentiroso que minha morte causou*
> *e as noites ruins que ele ocasionou."*

Talvez lhe devamos uma desculpa pela tradução.[140]

---

139. D.L., vii, parágrafos 96-98.
140. *Athen.*, ix, 401C:
   Ξεῖνε, Φιλητᾶς εἰμί· λόγων ὁ ψευδόμενός με ὤλεσε καὶ νυκτῶν φροντίδες ἑσπέριοι (*Xeîne, Philetâs eimí· lógon ho pseydómenós me ólese kaì nyktôn phrontídes hespérioi*).

CAPÍTULO IV
ÉTICA

Tivemos já que abordar a psicologia dos estoicos em conexão com os primeiros princípios da lógica. Não é menos necessário fazê-lo agora ao tratar da fundação da ética.

Foi-nos dito que, segundo a estimativa dos estoicos, havia oito partes na alma. Estas eram os cinco sentidos, o órgão do som, o intelecto e o princípio reprodutivo.[141] É de se observar visivelmente a ausência das paixões, pois a teoria estoica era a de que as paixões eram simplesmente o intelecto em um estado doentio, devido às perversões da falsidade. Essa é a razão dos estoicos não discutirem a paixão, concebendo que se uma vez admitida na cidadela da alma, suplantaria o governante legítimo. A paixão e a razão não eram duas coisas que pudessem ser mantidas separadas, caso em que se poderia esperar que a razão controlasse a paixão. Eram, pelo contrário, dois estados da mesma coisa, um pior e um melhor.[142]

O intelecto livre de perturbações era o monarca legítimo no reino do ser humano. Daí os estoicos a ele se referirem comumente como "o princípio condutor".[143] Essa era a parte da alma que recebia as fantasias,[144] e também era aquela na qual eram gerados os impulsos,[145] com o que temos a ver agora mais particularmente.

---

141. D.L., vii, parágrafos 110, 157; Fílon, ii, 506; *De Incor. Mund.*, parágrafo 19.
142. Sêneca, *de Ira.*, i, 8, parágrafos 2-3; Plutarco, 446F, 447A, *de Virt. Mor.*, 7.
143. Cícero, *N.D.*, ii, parágrafo 29; D.L., vii, parágrafos 133, 139, 159; Fílon, i, 625, ii, 438; Sêneca, *Ep.* 121, parágrafo 13.*

* O princípio condutor: na terminologia dos estoicos τὸ ἡγεμονικόν (*tò hegemonikón*). (N.T.).

144. S.E., vii, 236.
145. D.L., vii, parágrafo 159.

Impulso, ou apetite, era o princípio na alma que impulsionava para a ação.[146] Em um estado de ausência de perversão, era dirigido exclusivamente a coisas em harmonia com a natureza.[147] A forma negativa desse princípio, ou o evitar coisas como sendo contrárias à natureza, chamaremos de *repulsão*.[148]

Apesar das alturas sublimes às quais se elevou a moralidade estoica, esta foi professadamente baseada no amor a si próprio, no que os estoicos concordavam com as demais escolas de pensamento do mundo antigo.

O primeiro impulso surgido em um animal recém-nascido é proteger a si mesmo e a sua própria constituição, com ele "conciliadas" pela natureza.[149] Ele busca o que contribui para sua sobrevivência, esquiva-se do que contribui para sua destruição. Assim, a autopreservação era a primeira lei da vida.

Enquanto o ser humano achava-se ainda no estágio meramente animal, e antes da razão ter se desenvolvido nele, as coisas que se harmonizavam com sua natureza eram coisas como saúde, vigor, boa condição física, integridade de todos os sentidos, beleza, vivacidade – em resumo, todas as qualidades que vinham constituir a riqueza da vida física e que contribuíam para a harmonia vital. Foram chamadas de "as primeiras coisas de acordo com a natureza".[150] Seus opostos eram todos contrários à natureza, coisas como doença, fraqueza, mutilação.[151] Com as primeiras coisas em harmonia

---

146. Cícero, *De Officiis*, i, parágrafos 101, 132.
147. Cícero, *Fin.*, iv, parágrafo 39; v, parágrafo 17; *Acad. Pr.*, parágrafo 24; *De officiis*, ii, parágrafo 18; i, parágrafo 105; Sêneca, *Ep.* 124, parágrafo 3; 113, parágrafos 2, 18; 121, parágrafo 13.
148. D.L., vii, parágrafo 104; Plutarco, 1037F, *Sto. Repug.* 11; Estobeu, *Ecl.*, ii, 142, 144, 148, 162; Cícero, *Fin.*, v, parágrafo 18; *N.D.*, ii, parágrafo 34.
149. D.L., vii, parágrafo 85; Plutarco, 1038B, *Sto. Repug.* 12; Cícero, *Fin.*, iii, parágrafo 16; iv, parágrafo 25; v, parágrafo 24; Sêneca, *Ep.* 82, parágrafo 15; 121, parágrafo 14.
150. Aulo Gelio, xii, 5, parágrafo 7; Luc. *Vit. Auct.*, 23; Estobeu, *Ecl.*, ii, 60, 136, 148; Cícero, *Fin.*, iii, parágrafos 17, 21, 22; v, parágrafo 18.
151. Estobeu, *Ecl.*, ii, 144; Cícero, *Fin.*, v, parágrafo 18.

com a natureza, surgiram também vantagens congênitas da alma, tais como a perspicácia, a habilidade natural, a diligência, a capacidade de emprego das coisas, a memória e similares.[152] Era polêmico se o prazer era para ser incluído nesse elenco. Alguns membros da escola evidentemente pensaram que poderia ser,[153] mas a opinião ortodoxa era a de que o prazer era uma espécie de renovo,[154] e que sua busca direta era nociva ao organismo. Os renovos da virtude eram a alegria, o contentamento e similares.[155] Estes eram as cambalhotas do espírito, como as travessuras de um animal na pujança plena de sua vitalidade, ou como o florescer de uma planta. Com efeito, o mesmo poder uno se manifestava em todos os escalões da natureza, apenas a cada estágio em um nível mais alto. Às capacidades vegetativas da planta, o animal acrescentava sensação e impulso; era, portanto, em conformidade com a natureza de um animal obedecer aos impulsos dos sentidos; mas à sensação e aos impulsos o ser humano acrescentou suplementarmente a razão, de maneira que, quando se tornou consciente de si mesmo como um ser racional, foi de acordo com sua natureza deixar que todos os seus impulsos fossem moldados por essa nova autoridade.[156] Consequentemente, a virtude era preeminentemente em conformidade com a natureza.[157] O que então temos agora que indagar é a relação da razão com o impulso tal como concebido pelos estoicos. A razão é simplesmente o poder condutor, e o impulso, o motor? Sêneca protesta contra essa concepção, na qual o impulso é identificado com a paixão. Um dos seus fundamentos para assim agir é que a razão seria nivelada com a paixão caso ambas fossem igual-

---

152. Estobeu, ii, 60; Cícero, *Fin.*, v, parágrafo 18.
153. Cícero, *Fin.*, iii, parágrafo 17; S.E., xi., 73.
154. D.L., vii., parágrafos 86, 94. Cp. Cícero, *Fin.*, iii, parágrafo 32; Estobeu, *Ecl.*, ii, 78, 110.
155. D.L., ii, parágrafo 94; Epicteto, frag. 52.
156. D.L., vii, parágrafo 86.
157. Plutarco, 1062C, *Com. Not.* 9.

mente necessárias à ação.[158] Mas a questão é abrandada mediante o uso da palavra "paixão", que era definida pelos estoicos como "um impulso excessivo". É possível, então, mesmo com base nos princípios estoicos, que a razão atue sem algo dela própria distinto para auxiliá-la? Ou é necessário declararmos que a razão é, ela mesma, um princípio da ação? Aqui Plutarco vem em nossa ajuda, nos dizendo ele, apoiado na autoridade de Crísipo em sua obra sobre direito, que o impulso é "a razão do ser humano o comandando a agir", e semelhantemente que a repulsão é "razão proibitiva".[159] Isso torna a posição estoica inequívoca, e devemos ajustar nossas mentes a ela, a despeito de suas dificuldades. Como já vimos que a razão não é algo radicalmente diferente dos sentidos, agora parece que a razão não é diferente do impulso, mas, ela própria, a forma aprimorada do impulso. Toda vez que o impulso não for idêntico à razão – ao menos em um ser racional – não é verdadeiramente impulso, mas paixão.

Os estoicos, é algo a ser observado, eram evolucionistas em sua psicologia. Mas, como muitos evolucionistas da atualidade, não acreditavam na origem da mente fora da matéria. Em todas as coisas vivas já existia o que chamavam de "razões seminais", o que explicava a inteligência exibida por plantas e animais.[160] Como havia quatro virtudes cardeais, havia quatro paixões primárias. Estas eram o deleite, a tristeza, o desejo e o medo.[161] Todas elas eram excitadas pela presença ou pela expectativa de um bem ou mal imaginados. O que induzia ao desejo por sua expectativa produzia deleite por sua presença, e o que induzia ao medo por sua expectativa produzia tristeza por sua presença.[162] Assim, duas das paixões primárias

---

158. *De Ira.*, i, 10, parágrafo 2.
159. Plutarco, 1037F, *Sto. Repug.* 11.
160. D.L., vii, parágrafos 110, 136, 148, 157, 159; viii, parágrafo 29; Plutarco, 1077 B, *Com. Not.*, 35, 881E, *Plac.*, i, 6; Estobeu, *Ecl.*, i, 322, 372, 414; ii, 60, 148, 150; Fílon, ii, 504, *de Incor. Mund.*, parágrafos 17, 18.
161. D.L., vii, parágrafo 110; Estobeu, *Ecl.*, ii, 166; Cícero, *Fin.*, iii, parágrafo 35; *T.D.*, iii, parágrafo 24; iv, parágrafos 8, 11, 13, 43.
162. Epicteto, *Diss.*, iv, 1, parágrafo 84.

tinham a ver com o bem e duas, com o mal. Todas eram fúrias que infestavam a vida dos insensatos, a tornando, para eles, amarga e aflitiva; e a função da filosofia era combatê-las. E tampouco era esse combate destituído de esperança, uma vez que as paixões não tinham seu fundamento na natureza, mas eram devidas à opinião falsa.[163] Provinham de juízos voluntários e deviam seu nascimento a uma falta de sobriedade mental. Se o desejo das pessoas era viver o período de existência a elas atribuído em tranquilidade e paz, deviam, recorrendo a todos os meios, se manterem afastadas das paixões.

Uma vez formuladas as quatro paixões primárias, tornou-se necessário justificar a divisão organizando as formas específicas de sentimento sob essas quatro categorias.[164] Nessa tarefa, os estoicos exibiram uma sutileza que mais interessa ao lexicógrafo do que ao estudante de filosofia. Deram muita ênfase à derivação das palavras como oferecendo uma pista para o seu significado; e, visto que a etimologia deles não era limitada por quaisquer princípios, sua engenhosidade foi livre para ceder às mais extravagantes fantasias.

Embora toda paixão fosse condenada em função de si mesma, havia, entretanto, certas *eupatias*, ou paixões felizes, que seriam experimentadas pela pessoa idealmente boa e sábia.[165] Estas não eram perturbações da alma, mas, ao contrário, *constâncias*;[166] não se opunham à razão, sendo, em lugar disso, parte dela. Embora o sábio jamais entrasse em êxtase mediante o deleite, ainda assim sentiria uma "alegria"[167] duradoura na presença do verdadeiro e unicamente bom; realmente jamais seria abalado pelo desejo, mas ainda assim

---

163. Cícero, *Acad. Post.*, parágrafo 39; *Fin.*, iii, parágrafo 35; *T.D.*, iii, parágrafo 24; iv, parágrafo 14; D.L., vii, parágrafo 111; Estobeu, *Ecl.*, ii, 168.
164. Cícero, *Fin.*, iii, parágrafo 35; *T.D.*, iii, parágrafo 24.
165. D.L., vii, parágrafo 116.
166. Cícero, *T.D.*, iv, parágrafos 14, 80.
167. χαρά (*khará*) por oposição a ἡδονή (*hedoné*),* Cícero, *T.D.*, iv, parágrafo 13; Plutarco, 1046B, *Sto. Repug.* 25.

* χαρά (*khará*) significa aqui alegria, júbilo, enquanto ἡδονή (*hedoné*) significa deleite, prazer. (N.T.)

seria animado pela "vontade"[168], pelo que era dirigido exclusivamente ao bem; e embora nunca fosse sentir "medo", ainda assim, diante do perigo seria tocado por uma "precaução"[169] apropriada.

Havia, portanto, algo racional correspondente a três das quatro paixões primárias – contra o deleite era para ser instalada a alegria; contra o desejo, a vontade; contra o medo, a precaução; mas contra a tristeza nada havia a ser instalado, pois ela surgiu da presença do mal, o qual jamais se vincularia ao sábio. A tristeza era a convicção irracional de que se devia afligir a si mesmo, quando para isso não havia motivo. O ideal dos estoicos era a serenidade imperturbável de Sócrates, que, segundo Xantipa[170], mantinha sempre o mesmo semblante ao sair de casa de manhã ou ao retornar a ela à noite.

Tal como a multidão heterogênea de paixões seguia os estandartes de suas quatro líderes, as formas específicas de sentimento sancionadas pela razão eram respectivamente atribuídas às três eupatias.

Zenão dividia as coisas em boas, más e indiferentes.[171] Às boas pertenciam a virtude e o que participava da virtude; às más, o vício e aquilo que participava do vício. Todas as demais coisas eram indiferentes.

Assim, pertenciam à terceira classe coisas tais como a vida e a morte, a saúde e a doença, o prazer e a dor, a beleza e a disformidade, a força e a fraqueza, a honra e a desonra, a riqueza e a pobreza, a vitória e a derrota, a nobreza e a vileza de nascimento.[172]

---

168. βούλησις (*boýlesis*) por oposição a ἐπιθυμία (*epithymía*).*
   * βούλησις (*boýlesis*) significa aqui vontade, predisposição, ao passo que ἐπιθυμία (*epithymía*) desejo, apetite. (N.T.)

169. εὐλάβεια (*eylábeia*) por oposição a φόβος (*phóbos*).*
   * εὐλάβεια (*eylábeia*) significa aqui precaução, cautela, enquanto φόβος (*phóbos*) medo, receio. (N.T.)

170. A esposa de Sócrates. (N.T.)

171. Estobeu, ii, 90; D.L., vii, parágrafo 101; Plutarco, 1064C, *Com. Not.*, 12; Sêneca, *Ep.* 82, parágrafo 10.

172. D.L., vii, parágrafo 102; Estobeu, *Ecl.*, ii, 92: *Ceb. Tab.* 36; Epicteto, *Diss.*, ii, 9, parágrafo 13.

O bem era definido como aquilo que beneficia.[173] Conferir benefício não era menos essencial ao bem do que o era transmitir calor.[174] Se alguém perguntava no que consistia "beneficiar", recebia a resposta de que consistia em produzir um ato ou estado em consonância com a virtude; e, analogamente, foi afirmado que "prejudicar" consistia em produzir um ato ou estado em consonância com o vício.[175] A indiferença de coisas distintas da virtude e do vício se evidenciava a partir da definição do bem, que a tornava essencialmente benéfica. Coisas tais como saúde e riqueza poderiam ser benéficas ou não, conforme as circunstâncias;[176] não eram, portanto, mais boas do que más. Por outro lado, nada podia ser realmente bom, o bem ou o mal dependendo do uso que se fazia da coisa; mas este era o caso de coisas como a saúde e a riqueza.

O bem tendo sido identificado com a virtude, é impossível apresentar-se a questão de qualquer conflito entre o certo e o conveniente. No que se refere a esse ponto, a doutrina estoica era muito explícita. O bem era conveniente, adequado, vantajoso, útil, proveitoso, belo, benéfico, elegível e justo.[177] Esses vários predicados eram definidos geralmente de acordo com sua etimologia, de forma a evitar a acusação de ser um mero sinônimo do outro. Seus contrários eram todos aplicáveis ao mal.[178]

Consequentemente, o bem verdadeiro e único era idêntico ao que os gregos chamavam de "belo" e ao que nós chamamos de "certo". Dizer que uma coisa estava certa era dizer que era boa e, inversamente, dizer que era boa era dizer que estava certa. Essa identidade absoluta entre o bom e o certo e, por outro lado, entre o mau e o errado foi o elemento principal e predominante da ética estoica. O certo continha em si mesmo tudo o que era necessário à vida

---

173. D.L., vii, parágrafo 94; Estobeu, ii, 96.
174. D.L., vii, parágrafo 103.
175. *Ibid.*, parágrafo 104.
176. *Ceb. Tab.*, 38; D.L., vii, parágrafo 109.
177. D.L., vii, parágrafo 98; Estobeu, ii, 94, 96.
178. Estobeu, ii, 96, 202.

feliz; o errado constituía o único mal, e tornava os seres humanos infelizes, estivessem eles cientes disso ou não.[179]

Como a virtude era ela mesma a meta, era, é claro, elegível em si mesma e por si mesma, independentemente da esperança ou do medo quanto às suas consequências.[180] Ademais, sendo o bem supremo, era para ela inadmissível qualquer aumento com base na adição de coisas indiferentes. Não admitia sequer o aumento proveniente do prolongamento de sua própria existência, já que não se tratava de quantidade, mas de qualidade. A virtude por toda a eternidade não era mais virtude (e, portanto, não mais bem) do que a virtude por um momento. Um círculo não seria mais redondo do que outro, fosse qual fosse o diâmetro a ele atribuído, nem teria sua perfeição diminuída se fosse apagado imediatamente da mesma poeira na qual fora traçado.[181]

Dizer que o bem dos seres humanos se encontrava na virtude era uma outra forma de dizer que se encontrava na razão, visto que a virtude era a perfeição da razão.[182]

Como a razão constituía a única coisa mediante a qual a natureza distinguira o ser humano das demais criaturas, viver a vida racional era acatar a natureza.[183]

A natureza era, ao mesmo tempo, a lei de Deus e a lei para o ser humano.[184] Com efeito, por natureza de qualquer coisa se queria dizer não aquilo que nós realmente julgamos que ela seja, mas aquilo que, no eterno ajuste das coisas, ela obviamente pretendia se tornar.

---

179. D.L, vii, parágrafo 101; Estobeu, ii, 202; Cícero, *Acad. Post.*, parágrafos 7, 35; *T.D.*, iii, parágrafo 34; *De officiis*, iii, parágrafos 11, 35; Sêneca, *Ep.* 71, parágrafo 4.
180. D.L., vii, parágrafo 89.
181. Sêneca, *Ep.* 74, parágrafo 27; Plutarco, 1062A, *Com. Not.*, 8, 1046D, *Sto. Repug.* 26.
182. Cícero, *Fin.*, iv, parágrafo 35; *T.D.*, ii, parágrafo 47; iv, parágrafo 34; v, parágrafo 39; Sêneca, *Ep.* 76, parágrafo 10.
183. Sêneca, *Ep.* 66, parágrafo 39.
184. Cícero, *De officiis*, iii, parágrafo 23.

Assim, ser feliz era ser virtuoso; ser virtuoso era ser racional; ser racional era acatar a natureza; e acatar a natureza era obedecer a Deus. A virtude transmitia à vida aquele fluxo uniforme[185] no qual, segundo Zenão, consistia a felicidade. Isso era atingido quando o próprio gênio de alguém estivesse em harmonia com a vontade que dispunha todas as coisas.[186]

A virtude, tendo sido purificada de toda a escória das emoções, resultava e acabava por se revelar algo puramente intelectual, de modo que os estoicos concordavam com a concepção socrática de que virtude é conhecimento. Tomaram igualmente de Platão as quatro virtudes cardeais, sabedoria, moderação, coragem e justiça, e as definiram como tantos ramos do conhecimento. Opondo-se a elas foram formulados quatro vícios cardeais: insensatez, imoderação, covardia e injustiça. Com referência tanto às virtudes quanto aos vícios havia uma classificação elaborada de qualidades específicas. Mas, a despeito do cuidado com que os estoicos dividiam e subdividiam as virtudes, a virtude, de acordo com sua doutrina, era o tempo todo una e indivisível. Afinal, a virtude era simplesmente razão, e a razão, se estivesse presente, controlaria necessariamente igualmente todos os departamentos da conduta. "Aquele que possui uma virtude possui todas", era um paradoxo com o qual o pensamento grego já estava familiarizado. Mas Crísipo foi além disso, declarando que aquele que exibia uma virtude com isso realmente exibia todas. Nem era alguém perfeito por não possuir todas as virtudes, nem era perfeito o ato que não envolvesse todas elas.[187] As virtudes só diferiam entre si na ordem na qual instalavam as coisas. Cada uma era primariamente ela própria e secundariamente todas as restantes. Cabia à sabedoria determinar

---

185. εὔροια βίου (*eýroia bíoy*), Estobeu, ii, 138; S.E., xi, 30.
186. D.L., vii, parágrafo 88.
187. Plutarco, 1046F, *Sto. Repug.* 27; D.L., vii, parágrafo 125; Estobeu, *Ecl.*, ii, 112; Cícero, *Acad. Post.*, parágrafo 38; *T.D.*, iii, parágrafo 17.

o que era certo fazer, mas isso envolvia as outras virtudes. À moderação cabia transmitir estabilidade aos impulsos, mas como podia o termo *moderado* ser aplicado a um homem que abandonara seu posto devido à covardia, ou que deixara de devolver um empréstimo devido à avareza, o que é uma forma de injustiça, ou ainda aplicado a alguém que administrara mal os negócios por imprudência, algo que se enquadra na insensatez? Cabia à coragem enfrentar perigos e dificuldades, mas não se tratava de coragem a menos que sua causa fosse justa. Na verdade, uma das maneiras de definir a coragem era como "a virtude de lutar em nome da justiça".[188] De modo similar, a justiça começava por atribuir a cada pessoa o que lhe era devido, porém, ao fazê-lo, tinha que incorporar as demais virtudes. Em síntese, competia à pessoa virtuosa saber e fazer o que devia ser feito, pois o que devia ser feito encerrava sabedoria na escolha, coragem na persistência, justiça na atribuição e moderação em permanecer fiel à própria convicção.[189] Uma virtude jamais atuava sozinha, mas sempre com base no aconselhamento de um comitê.[190] O anverso desse paradoxo – "Aquele que possui um vício possui todos os vícios" – era uma conclusão que os estoicos não se esquivavam de tirar.[191] Poder-se-ia perder parte da própria louça de Corinto e ainda reter o resto, mas perder uma virtude – se a virtude pudesse ser perdida – significaria perder tudo o que a acompanhava.[192]

Topamos agora com o primeiro paradoxo do estoicismo, e podemos discernir sua origem na identificação da virtude com a razão pura. Ao descrever as inovações do ensinamento de Zenão, Cícero menciona que, enquanto seus predecessores haviam reconhecido que as virtudes se deviam à natureza e ao hábito, ele enten-

---

188. Cícero, *De officiis*, i, 62.
189. D.L., vii, parágrafo 126.
190. Sêneca, *Ep.* 67, parágrafo 10.
191. Estobeu, *Ecl.*, ii, 216.
192. Cícero, *T.D.*, ii, parágrafo 32.

dia serem elas todas dependentes da razão.[193] Uma consequência natural disso foi a reafirmação da posição sustentada por Platão, ou que este desejava sustentar, nomeadamente que a virtude pode ser ensinada.[194] Mas o papel desempenhado pela natureza na virtude não pode ser ignorado. Zenão não tinha o poder de alterar os fatos; tudo o que podia fazer era legislar no que tocava à nomenclatura, que foi o que fez vigorosamente. Não era para se chamar de virtude nada que não tivesse a natureza da razão e do conhecimento; entretanto, ainda assim, era forçoso admitir que a natureza supria os pontos de partida para as quatro virtudes cardeais – a favor da descoberta do próprio dever e da estabilização dos próprios impulsos, a favor da persistência correta e da partilha harmoniosa.[195] As sementes se encontravam na natureza, embora a colheita fosse feita pelo sábio; a ela pertenciam as centelhas, embora o fogo tivesse que ser avivado até se tornar chama mediante o ensinamento.[196]

Das coisas boas e más, voltamo-nos agora para as coisas indiferentes. Até aqui a doutrina estoica foi austera e inflexível. Temos agora que examiná-la sob um aspecto diferente e ver como ela tentou conciliar o senso comum.

Entendia-se por coisas indiferentes aquelas que não contribuíam necessariamente para a virtude, por exemplo a saúde, a riqueza, a força e a honra. É possível possuir todas essas e não ser virtuoso; é possível igualmente ser virtuoso sem elas. Mas impõe-se agora aprendermos que, embora essas coisas não sejam nem boas nem más, não sendo consequentemente uma questão de escolher ou evitar, estão longe de serem indiferentes, no sentido de não despertarem nem impulso nem repulsão. Realmente há coisas indiferentes nesse último sentido, tais como se você estende seu dedo deste modo ou daquele, se se inclina para apanhar uma palha

---

193. *Acad. Post.*, parágrafo 38.
194. D.L., vii, parágrafo 91; Sêneca, *Ep.* 90, parágrafo 44, 123; parágrafo 16.
195. Estobeu, ii, 108; D.L., vii, parágrafo 89.
196. Cícero, *T.D.*, iii, parágrafo 2; *Fin.*, v, parágrafo 18.

ou não, se o número de fios de seus cabelos na cabeça é ímpar ou par. Mas coisas desse tipo são excepcionais. O grande volume de coisas distintas da virtude e do vício efetivamente despertam em nós impulso ou repulsão. Que se entenda, portanto, que há dois sentidos da palavra *indiferente*, quais sejam:

(1) Nem bom nem mau;
(2) Que não desperta nem impulso nem repulsão.[197]

Entre as coisas indiferentes no primeiro sentido, algumas estavam em harmonia com a natureza, algumas a contrariavam, e algumas nem isso nem aquilo. Saúde, força e integridade sensorial eram conforme a natureza; doença, fraqueza e mutilação eram contrárias à natureza; contudo, coisas tais como a falibilidade da alma e a vulnerabilidade do corpo não estavam nem em harmonia com a natureza nem a contrariavam, sendo simplesmente natureza.

Todas as coisas que estavam em harmonia com a natureza tinham "valor", e todas as que a contrariavam tinham o que temos que chamar de "desvalor".[198] Na verdade, no sentido mais elevado do termo "valor", a saber, aquele de valor ou mérito, as coisas indiferentes não possuíam absolutamente nenhum valor.[199] Mas, de qualquer modo, a elas poderia ser atribuído o que Antipater[200] expressava por meio do termo "um valor seletivo", ou pelo que expressava pelo privativo bárbaro "um desvalor desseletivo". Caso uma coisa possuísse um valor seletivo, você tomava essa coisa de preferência ao seu contrário, supondo que as circunstâncias permitissem, por exemplo, saúde em lugar de doença, riqueza em lugar de pobreza, vida em lugar de morte. Por conseguinte, tais coisas eram chamadas de "tomáveis" e seus contrários, de "intomáveis". Coisas

---

197. D.L., vii, parágrafo 104; Estobeu, ii, 142; S.E., xi, 59-61.
198. Estobeu, *Ecl.*, ii, 152; D.L., vii, parágrafo 105; Cícero, *Fin.*, iii, parágrafos 20, 50, 51.
199. Estobeu, *Ecl.*, ii, 154, 156.
200. Antipater de Tarso. Morreu em *c.* 130-129 a.C. (N.T.)

possuidoras de elevado grau de valor eram denominadas "preferidas", ao passo que aquelas possuidoras de elevado grau de desvalor eram denominadas "rejeitadas". Aquelas que não possuíam um grau considerável de um ou outro não eram nem preferidas nem rejeitadas.[201] Zenão, criador dessa nomenclatura, justificava o seu uso no tocante a coisas realmente indiferentes sob o fundamento de que, na corte, "preferência" não podia ser concedida ao próprio rei, mas somente aos seus ministros.[202]

Coisas preferidas e rejeitadas podiam dizer respeito à mente, ao corpo ou à condição social. Entre as coisas preferidas, no caso da mente, estavam a habilidade natural, a arte, o progresso moral e similares, enquanto os seus contrários eram rejeitados. No caso do corpo, a vida, a saúde, a força, a boa condição física, o corpo íntegro e a beleza eram preferidos; enquanto a morte, a doença, a fraqueza, a má condição física, a mutilação e a disformidade eram rejeitadas. Entre as coisas externas à alma e ao corpo, a riqueza, a boa reputação e a nobreza eram preferidas, enquanto a pobreza, a má reputação e o nascimento vil eram rejeitados.[203]

Desse modo, todos os bens mundanos e negociáveis, após serem solenemente não admitidos pelos estoicos na porta da frente, eram introduzidos clandestinamente em uma espécie de entrada para comerciantes, sob o nome de coisas indiferentes. Precisamos agora ver como tinham, por assim dizer, dois códigos morais, um para o sábio e o outro para o mundo em geral.

Somente o sábio podia agir corretamente, mas outras pessoas poderiam realizar "as conveniências"[204]. Qualquer um poderia honrar aos pais, mas somente o sábio o fazia como resultado da sabedoria, porque somente ele estava de posse da arte de viver, cuja

---

201. Estobeu, *Ecl.*, ii, 144, 156; D.L., vii, parágrafo 105; S.E., xi, 62; Cícero, *Acad. Post.*, parágrafo 36; *Fin.*, iii, parágrafos 15, 52, 53; iv, parágrafo 72; v, parágrafos 78, 90.
202. Estobeu, ii, 156; Cícero, *Fin.*, iii, parágrafo 52.
203. D.L., vii, parágrafo 106; Estobeu, *Ecl.*, ii, 146.
204. τὰ καθήκοντα (*tà kathékonta*).

obra peculiar consistia em fazer tudo o que era feito como resultado da melhor disposição.[205] Todos os atos do sábio eram "conveniências perfeitas" chamadas de "acertos".[206] Todos os atos de todos os outros homens eram pecados ou "erros". No máximo só poderiam ser "conveniências intermediárias".[207] Assim, o termo "conveniência" é um termo genérico. Mas, como ocorre frequentemente, o termo genérico, ao ser usado, é reduzido a um significado específico, de maneira que se fala comumente de atos intermediários como "conveniências" em oposição a "acertos". Exemplos de acertos são manifestar sabedoria e fazer transações justas; exemplos de conveniências ou atos intermediários são se casar, ir em uma embaixada e a dialética.[208]

A palavra *dever*[209] é com frequência empregada para traduzir o termo grego que estamos traduzindo por *conveniência*. Qualquer tradução não passa de uma escolha de males, visto que não dispomos de nenhum efetivo equivalente para esse termo.[210] Era aplicável não meramente à conduta humana como também às ações dos animais inferiores, e até ao crescimento das plantas.[211] Ora, independentemente de uma paixão pela generalização, dificilmente deveríamos pensar na "severa filha da voz de Deus" em associação com uma ameba correspondendo com êxito ao estímulo; no entanto, a criatura à sua maneira incipiente está exibindo uma vaga analogia com o dever. O termo em pauta foi primeiramen-

---

205. S.E., xi, 201, 202.
206. Estobeu, ii, 158, 160, 184; Cícero, *Fin.*, iii, parágrafos 24, 59; iv, parágrafo 15; *Acad. Post.*, parágrafo 37; *De officiis*, i, parágrafo 8; iii, parágrafo 14; *pro Mur.*, parágrafos 3, 11, 60.
207. Estobeu, ii, 158, 160; Plutarco, 1037F, *Sto. Repug.* 11; Cícero, *Acad. Post.*, parágrafo 37; *De officiis*, i, parágrafo 8; *T.D.*, iii, parágrafo 11.
208. Estobeu, ii, 158, 192.
209. ...*duty*... (N.T.)
210. Ou seja, τὸ καθῆκον (*tò kathêkon*), o conveniente, a conveniência; plural τὰ καθήκοντα (*tà kathékonta*), as conveniências. (N.T.)
211. D.L., vii, parágrafo 107; Estobeu, ii, 158.

te utilizado por Zenão e por ele foi explicado em conformidade com sua etimologia para significar o que cabia a alguém fazer,[212] de modo que no que diz respeito a isso, *conveniência*[213] seria a tradução mais apropriada.

A esfera da conveniência estava circunscrita a coisas indiferentes,[214] de modo que havia conveniências que eram comuns ao sábio e ao insensato. Tinha a ver com tomar as coisas que estavam em harmonia com a natureza e rejeitar as que não estavam. Mesmo a conveniência de viver ou morrer era determinada não por referência à virtude ou ao vício, mas à preponderância ou deficiência de coisas em harmonia com a natureza. Assim, poderia ser da conveniência do sábio, a despeito de sua felicidade, por iniciativa própria morrer; e, da conveniência do tolo, a despeito de sua infelicidade, continuar vivendo. A vida, sendo em si mesma indiferente, tudo se resumia ao que era oportuno. A própria sabedoria poderia induzir à partida caso a ocasião parecesse exigi-la.[215]

Visto que as pessoas em geral estavam muito longe de serem sábias,[216] é evidente que se a moralidade estoica pretendia afetar o mundo como um todo, tinha que se ajustar de alguma forma às circunstâncias existentes. Nenhum tratado moral talvez tenha exercido uma influência tão abrangente como aquele conhecido pelos nossos antepassados com o título de *Tully's Offices*. Ora, essa obra tem como fundamento Panécio, um estoico inteiramente não ortodoxo, e não se propõe de modo algum a tratar da moralidade ideal, mas somente das conveniências intermediárias (iii, parágrafo 14). Podemos observar, inclusive, que nessa obra a tentativa de considerar a virtude como una e indivisível é francamente

---

212. D.L., vii, parágrafo 108.
213. ...*becomingness*... (N.T.)
214. Cícero, *Fin.*, iii, parágrafo 59; Estobeu, ii, 226.
215. Cícero, *Fin.*, iii, parágrafo 61; Estobeu, ii, 226; Plutarco, 1063D, *Com. Not.*, 11, 1042D., *Sto. Repug.* 18; 1039E., *Sto. Repug.* 14.
216. Cícero, *De officiis*, i, parágrafo 46.

abandonada como sendo inadequada do prisma da inteligência popular (ii, parágrafo 35).

Passamos agora para um outro exemplo de ajuste. De acordo com a doutrina estoica superior, não havia mediania entre a virtude e o vício.[217] Todos os seres humanos realmente receberam da natureza os pontos de partida para a virtude, mas, até a perfeição ser atingida, permaneciam condenados ao vício. Era, para empregarmos uma ilustração do poeta-filósofo Cleantes, como se a natureza houvesse iniciado uma poesia iâmbica e deixasse aos seres humanos a incumbência de terminá-la.[218] Até que isso fosse feito, eles tinham que usar o gorro dos tolos. Os peripatéticos, por outro lado, reconheciam um estado intermediário entre a virtude e o vício, ao qual concediam o nome de progresso ou proficiência.[219] Entretanto, tinham os estoicos, em função de propósitos práticos, tão cabalmente que aceitar esse nível inferior que a palavra *proficiência* passou a ser empregada como se fosse de origem estoica.

Sêneca gosta de contrastar o sábio com o proficiente.[220] O sábio assemelha-se a um homem no gozo de saúde perfeita. O proficiente, porém, assemelha-se a um homem que se recupera de uma doença grave, em relação a quem uma redução do paroxismo equivale à saúde, e que sempre corre o perigo de uma recaída. É tarefa da filosofia suprir as necessidades desses irmãos mais fracos. O proficiente também é chamado de insensato, mas se ressalta ser ele um tipo de insensato muito diferente dos demais. Ademais, os proficientes pertencem a três classes, de uma maneira que lembra das tecnicalidades da teologia calvinista. Em primeiro lugar, há aqueles que se encontram próximos da sabedoria, mas que, por mais próximos que possam estar da porta do Céu, ainda se encontram

---

217. D.L., vii, parágrafo 127.
218. Estobeu, *Ecl.*, ii, 116.
219. D.L., vii, parágrafo 127; *Acad. Post.*, parágrafo 20; *Fin.*, iv, parágrafo 66; *De officiis*, iii, parágrafo 17; Sêneca, *Ep.* 71, parágrafo 36.
220. *Ep.* 71, parágrafo 30; 72, parágrafo 6; 75, parágrafo 8; 94, parágrafo 50.

no lado errado dela. Segundo alguns doutores, esses já estão seguros e ao abrigo da apostasia, se distinguindo do sábio tão só por não haverem ainda compreendido que haviam atingido o conhecimento; outras autoridades, todavia, se recusaram a admitir isso, e consideraram a primeira classe como sendo apenas isenta de enfermidades crônicas da alma, mas não de ataques passageiros de paixão. Assim, os estoicos realmente divergem entre si no que toca à doutrina da "segurança final". A segunda classe consistia naqueles que haviam posto de lado as piores doenças e paixões da alma, mas que podiam a qualquer momento terem uma recaída. A terceira classe era a daqueles que haviam escapado de uma moléstia mental, porém não de uma outra; que tinham, digamos, superado a luxúria, mas não a ambição; que, embora houvessem desdenhado a morte, temiam a dor. Esta terceira classe, acrescenta Sêneca, não é de maneira nenhuma para ser desprezada.[221]

Epicteto devota uma dissertação (i. 4) a essa mesma matéria do progresso ou proficiência. Declara que a única esfera verdadeira para o progresso é aquela na qual reside o trabalho de cada um. Se você está interessado no progresso de um atleta, é de se esperar que você examine o bíceps dele, e não os seus halteres; e, assim, quanto à moralidade, o que conta não são os livros que uma pessoa leu, mas sim o proveito que extraiu de sua leitura, pois o que cabe a uma pessoa não é ter completo entendimento de Crísipo quando este trata do impulso, mas sim controlar o próprio impulso.

A partir dessas concessões à fraqueza humana, passamos agora para os paradoxos estoicos, onde apreciaremos a doutrina estoica no seu rigor pleno. Talvez sejam esses próprios paradoxos que venham a explicar o fascínio desconcertante por meio do qual o estoicismo afetou a mente da antiguidade, tal como a obscuridade em um poeta pode se comprovar um passaporte mais seguro rumo à fama do que méritos mais estritamente poéticos.

---

221. Sêneca, *Ep.* 75, parágrafo 8.

Sendo a raiz do estoicismo um paradoxo, não é de se surpreender que seus ramos também o devam ser. Dizer que "a virtude é o supremo bem" é uma proposição que receberá, necessariamente, o assentimento de todo aquele que aspira a uma vida espiritual, isto é, de seus lábios, mesmo se ele não houver ainda aprendido a crer de coração nessa proposição. Entretanto, altere-a para "a virtude é o único bem", e mediante essa ligeira mudança ela se converte imediatamente na prolífica mãe dos paradoxos. Entende-se por paradoxo aquilo que contraria a opinião geral. Ora, é absolutamente certo que as pessoas consideraram, efetivamente consideram e – podemos seguramente acrescentar – considerarão coisas como boas que não são virtude. Mas, se concedermos esse paradoxo inicial, um cortejo de outros o acompanhará – como, por exemplo, que "a virtude basta por si para trazer a felicidade". O quinto Livro de *As Tusculanas*, de Cícero, constitui uma defesa eloquente dessa tese em que o orador combate a sugestão de que um homem bom não é feliz ao ser partido na roda![222]

Um outro paradoxo evidente dos estoicos é que "todos os erros são iguais". Baseavam sua posição em uma concepção matemática de retidão. Um ângulo é necessariamente ou reto ou não; uma linha é necessariamente ou reta ou curva: consequentemente, um ato é necessariamente ou certo ou errado. Não há mediania entre os dois e não há graus de um ou outro. Pecar é cruzar a linha. Uma vez feito isso, é indiferente, do ponto de vista da ofensa, até que ponto você vai. O que é proibido é simplesmente a transgressão. Essa doutrina era defendida pelos estoicos por conta de seu estimulante efeito moral, expondo o horrendo do pecado. Horácio fornece o julgamento do mundo ao dizer que o senso comum

---

222. A *roda* era um instrumento de tortura no qual o corpo do torturado (ou torturada) tinha os seus membros rompidos. Foi largamente empregado na Idade Média, sobretudo pela "Santa" Inquisição, tribunal criado pela Igreja Apostólica Romana, *pretensamente* com o objetivo de extrair confissões de suspeitos de heresia. Latim: *rota*; grego: στρέβλη (*stréble*) ou στρεβλωτήριον (*streblotérion*). (N.T.)

e a moralidade, isso sem mencionar a utilidade, revoltam-se contra o pecado.[223]

Eis aqui alguns outros espécimes dos paradoxos estoicos: "Todo insensato é louco"; "Somente o sábio é livre, e todo insensato é um escravo"; "Somente o sábio é rico"; "Pessoas boas são sempre felizes e pessoas más, sempre infelizes"; "Todos os bens são iguais"; "Nenhuma pessoa é mais sábia ou mais feliz do que outra". Mas uma pessoa não poderia, perguntamos, ser mais quase sábia ou mais quase feliz do que outra? "Poderia", os estoicos responderiam, "mas a pessoa que está a apenas um estádio[224] de Canopus[225] não está em Canopus tanto quanto a pessoa que está à distância de cem estádios; e o cãozinho de oito dias de idade está ainda tão cego quanto no dia de seu nascimento; tampouco pode alguém que está próximo da superfície do mar respirar mais do que se estivesse a quinhentas braças completas de profundidade".[226]

Na medida em que os paradoxos acima não dependem de um uso metafórico da linguagem, todos eles parecem redutíveis a três hipóteses iniciais: a identificação da felicidade com a virtude, da virtude com a razão e a concepção de razão como algo absoluto não admitindo graus, algo que ou está presente integralmente ou de modo algum. Não havia jogo de luz e sombra na paisagem estoica, pois eles tinham suprimido as nebulosidades da paixão. Não podiam permitir que estas mais ou menos obscurecessem os raios da razão, na recusa em admitir que houvesse uma diferença natu-

---

223. *Sátiras*, I, iii, 96-98.
224. ...*stade*...: antiga medida de comprimento empregada pelos gregos (στάδιον [*stádion*]) e romanos (*stadium*) equivalente a cerca de 600 pés (em Atenas 607 pés, mas sofrendo considerável variação em outras cidades-Estados: por exemplo em Olímpia pouco mais de 630 pés). Em Roma, 625 pés. Como um *pé* corresponde a aproximadamente 30,5 cm, os estoicos estariam falando de uma distância em torno de 185 m para a Grécia (Atenas) e 191 m para Roma. (N.T.)
225. Antiga cidade do baixo Egito. (N.T.)
226. D.L., vii, parágrafo 120; Cícero, *Fin.*, iii, parágrafo 48; Plutarco, 1063A, *Com. Not.* 10.

ral entre as nebulosidades e a luz do sol – a paixão para eles sendo apenas a razão mergulhada no erro.

Seria tão só justo para com os estoicos acrescermos que os paradoxos estavam inteiramente na ordem do dia na Grécia, ainda que tenham eles superado grandemente as demais escolas na produção deles. O próprio Sócrates foi o pai do paradoxo. Epicuro sustentava tão firmemente quanto qualquer estoico que "Nenhum sábio é infeliz", e, se não é mal interpretado, chegou ao ponto de declarar que o sábio, se introduzido no touro de Falaris,[227] exclamaria: "Que prazer! Quão pouco me importo com isso!".[228]

Não há como harmonizar com o bom senso o traçar uma distinção rigorosa e fixa entre o bem e o mal. E, no entanto, foi o que os estoicos fizeram.[229] Insistiam em fazer agora aquela separação entre as ovelhas e as cabras que Cristo adiou para o Dia do Juízo Final. Infelizmente, quando se partiu para a prática, descobriu-se que só havia cabras, de modo que a divisão não passou de uma divisão formal. "É ponto pacífico", diz Estobeu[230], "para Zenão e os filósofos estoicos que o sucederam, que há dois tipos de seres humanos, o bom e o mau. Os bons durante toda a vida exibem as virtudes, e os maus, os vícios. Daí um tipo está sempre certo em tudo a que se propõe, ao passo que o outro sempre errado. E visto que os bons se valem das artes de viver em sua conduta, fazem todas as coisas bem,[231] na medida em que as fazem de modo sábio e moderado, e de acordo com as demais virtudes, enquanto os maus, ao contrário, fazem tudo mal. Os bons são dotados de grandeza, de bom desenvolvimento, estatura e força. Dotados de grandeza porque são capazes de atingir as metas a que se propõem e que são

---

227. Instrumento de tortura associado a Falaris, tirano da cidade de Agrigento (Sicília) na antiguidade, que se celebrizou por sua extrema crueldade. (N.T.)
228. Cícero, *Fin.*, i, parágrafo 61; *T.D.*, ii, parágrafo 18; v, parágrafo 73.
229. *D.L.*, vii, parágrafo 127; Estobeu, *Ecl.*, ii, 116.
230. *Ecl.*, ii, 198, 200.
231. *Athen.* 158a.

dependentes da própria vontade deles; de bom desenvolvimento porque encontram crescimento a partir de qualquer lugar; de estatura porque alcançaram a altura que se ajusta a uma pessoa nobre e boa; de força porque são dotados da força que lhes cabe. O ser humano bom não é para ser vencido ou derrubado em um combate, posto que nem é compelido por ninguém nem compele alguém; a ele não são impostas barreiras nem ele as impõe a ninguém; nem é coagido por alguém nem coage ninguém; nem causa dano nem é, ele próprio, objeto ou vítima de dano; nem é enganado ou engana; tampouco é equivocado ou ignorante, ou incorre em esquecimento, ou entretém qualquer suposição falsa, mas é feliz no mais alto grau, afortunado, abençoado, rico, devoto, amado por Deus e digno de tudo, apto a ser um rei, ou um general, ou um estadista, além de versado nas artes da administração doméstica e do ganho de dinheiro, ao passo que o mau possui todos os atributos opostos a esses. E geralmente todas as coisas boas pertencem ao virtuoso e, ao mau, todos os males."

O indivíduo bom dos estoicos era variavelmente conhecido como "o sábio", ou "o indivíduo sério" (ὁ σπουδαῖος [*ho spoydaîos*]), esta última palavra tendo sido herdada dos peripatéticos. Costumamos ouvir dizer entre nós que uma pessoa se tornara *séria* quando ele ou ela adotara uma religião. Uma outra designação que os estoicos possuíam para o sábio era "o homem urbano" (ὁ ἀστεῖος [*ho asteîos*]), enquanto o insensato, em contraposição, era chamado de "camponês"[232]. A "rusticidade" era definida como "uma inexperiência dos costumes e das leis do Estado"[233]. Entendia-se por "Estado" não Atenas ou Esparta, como seria o caso em uma era anterior, mas a sociedade de todos os seres racionais, uma espiritualização estoica do Estado. Somente o sábio gozava da liberdade dessa cidade, sendo o insensato, consequentemente, não

---

232. ...*boor*..., incorporando também a noção de rude, grosseiro, caipira. (N.T.)
233. Estobeu, *Ecl.*, ii, 210.

apenas o camponês rude, mas um estranho ou um desterrado.[234] Nessa cidade a justiça era natural e não convencional, visto que a lei pela qual era governada era a lei da correta razão.[235] Assim, a lei era espiritualizada pelos estoicos, tal como era o Estado. Não significava mais as promulgações desta ou daquela comunidade, mas os comandos da razão eterna que regia o mundo e que iriam prevalecer no Estado ideal. A lei era definida como "a correta razão comandando o que era para ser feito e proibindo o que não era para ser feito". Como tal, de modo algum diferia do impulso do próprio sábio.[236]

Como membro de um Estado e por natureza submetido à lei, o ser humano era essencialmente um ser social. Entre todos os sábios existia "concórdia", que era "um conhecimento do bem comum",[237] porque suas concepções da vida eram harmoniosas. Quanto aos insensatos, cujas concepções da vida discordavam, eram mútuos inimigos e inclinados ao dano recíproco.

Como membro da sociedade, o sábio desempenharia seu papel na vida pública.[238] Teoricamente isso era sempre verdadeiro, e na prática ele assim o faria onde a forma de governo efetiva se aproximasse toleravelmente do tipo ideal. Mas se as circunstâncias fossem tais que assegurassem que sua participação na política de nada serviria à sua pátria, limitando-se a ser uma fonte de perigo para ele próprio, nesse caso ele se deteria. O tipo de forma de governo mais aprovado pelos estoicos era uma forma mista de governo, contendo elementos democráticos, aristocráticos e monárquicos.

---

234. Estobeu, *Ecl.*, ii, 208.
235. *Ibid.*
236. *Ibid.*, 190, 192.
237. *Ibid.*, 184, 222. Cp. Aristóteles, *E.N.*, ix, 6.*
  * Capítulo da *Ética a Nicômaco* em que Aristóteles trata precisamente da concórdia (ὁμόνοια [*homónoia*]) em oposição a discórdia (στάσις [*stásis*]). (N.T.)
238. D.L., vii, parágrafo 121; Estobeu, *Ecl.*, ii, 186, 224, 228; Cícero, *Fin.*, iii, parágrafo 68.

Onde as circunstâncias o permitissem, o sábio atuaria como legislador e educaria a humanidade, uma maneira de realizá-lo sendo redigir livros que se comprovassem proveitosos ao leitor.

Na qualidade de membro da sociedade existente, o sábio casaria e geraria filhos, tanto por causa de si mesmo quanto por causa de sua pátria, no interesse dos quais, se houvesse nisso um bem, ele estaria pronto a sofrer e morrer. De qualquer modo, teria como expectativa prazerosa um tempo melhor em que, tanto na república de Zenão quanto na de Platão, o sábio teria mulheres e filhos em comum, quando as gerações mais velhas amariam a geração nascente igualmente com afeição paternal e quando o ciúme conjugal não existiria mais.[239]

Sendo essencialmente um ser social, o sábio era dotado não só das virtudes políticas mais sérias, como também das qualidades afáveis da vida. Era sociável, detentor de tato e encorajador, servindo-se da conversação como um meio de promover boa vontade e amizade; na medida do possível, ele era todas as coisas para todos os seres humanos,[240] o que o tornava fascinante e encantador, insinuante e mesmo manhoso; sabia como atingir o ponto e escolher o momento certo; todavia, com tudo isso, era franco e desprovido de ostentação, simples e sem afetação; em particular, nunca extraía prazer da ironia, muito menos do sarcasmo.[241]

Partindo das características sociais do sábio, voltamo-nos agora para um lado de seu caráter que parece eminentemente antissocial. Uma de suas características de maior vanglória era sua autossuficiência. Capacitava-se a deixar uma cidade tomada por um incêndio, vindo da destruição não só de seus bens como também de seus amigos e família, e declarar com um sorriso que nada perdera.[242]

---

239. D.L., vii, parágrafos 33, 131.
240. Estobeu, *Ecl.*, ii, 220.
241. *Ibid.*, 222.
242. Cícero, *Lael.*, parágrafo 7; Sêneca, *de Const. Sap.* 5.

Tudo o que verdadeiramente lhe importava era estar centrado em si mesmo.[243] Somente assim podia estar certo de que o destino não arrancaria isso dele.

A apatia ou a impassibilidade do sábio é um outro de seus traços que mais se destaca. Sendo as paixões, assim o mostra Zenão, não naturais, mas formas de enfermidade, o sábio, na sua qualidade de pessoa perfeita, seria evidentemente completamente livre delas. As paixões eram perturbações do fluxo regular no qual residia a felicidade dele. Portanto, o sábio jamais seria impulsionado por um sentimento de favorecimento na direção de qualquer uma delas; jamais perdoaria um erro; jamais sentiria compaixão; jamais se deixaria persuadir por uma súplica; jamais se deixaria levar pela ira.[244]

Dizer que o sábio não é movido pela parcialidade talvez possa passar por uma representação de uma disposição mental inatingível, mas ainda assim altamente apropriada. Mas dizer que ele é rancoroso[245] pode dar margem a gerar um preconceito contra ele por parte do homem comum. Havia, entretanto, duas razões para essa afirmação que tendem a alterar a luz na qual ela se apresenta inicialmente. Uma era a concepção ideal que os estoicos sustentavam da lei. A lei era santa, justa e boa. Portanto, perdoar as penalidades impostas por ela ou julgá-las demasiado severas não era o papel de um sábio. Por conseguinte, descartaram a concepção aristotélica de *equidade*[246] como corretora das desigualdades da lei.[247] Isso era algo vacilante demais para a têmpera absoluta da ética deles. Mas uma segunda razão para o sábio nunca perdoar era jamais ter algo para perdoar. Não podia ser atingido por nenhum dano en-

---

243. Cícero, *T.D.*, v, parágrafo 30.
244. Cícero, *pro Mur.*, parágrafos 61, 62.
245. D.L., vii, parágrafo 123; Estobeu, *Ecl.*, ii, 190.
246. Em grego, ἐπιείκεια (*epieíkeia*). (N.T.)
247. *Ibid.*, nota 245.

quanto sua vontade estivesse fixada na retidão, isto é, enquanto fosse um sábio: o pecador pecava contra sua própria alma.

Quanto à ausência de compaixão no sábio, os próprios estoicos devem ter experimentado alguma dificuldade nesse aspecto, uma vez que vemos Epicteto recomendar aos seus ouvintes que exibissem, por compaixão, tristeza junto a outra pessoa, mas que cuidassem para não senti-la eles próprios.[248] A inexorabilidade do sábio não passava de uma consequência de sua serena racionalidade, a qual o conduziria a adotar a concepção correta desde o início. Finalmente, o sábio jamais seria levado pela ira, pois por que deveria se deixar levar pela ira para assistir outra pessoa em sua ignorância ofender a si mesma?

Um toque adicional precisa ainda ser atribuído à apatia do sábio: inacessível para o maravilhamento. Nenhum milagre da natureza era capaz de nele produzir espanto – nenhuma das cavernas mefíticas consideradas pelos seres humanos como aberturas para o inferno, nenhuma das avassaladoras vazantes, nem a maravilha constante dos habitantes do Mediterrâneo, nem as fontes termais, nem jatos de fogo.[249]

Da ausência da paixão não é mais do que um passo para a ausência do erro. Deste modo passamos agora para a infalibilidade do sábio – uma doutrina monstruosa nunca antes apresentada como tema de discussão nas escolas antes de Zenão.[250] O sábio, afirmava-se, não sustentava opinião alguma,[251] jamais se arrependia de sua conduta,[252] jamais era enganado em qualquer coisa. Entre a luz diur-

---

248. *Ench.* 16.*
 * *Manual de Epicteto*, publicado em edição bilíngue pela Edipro. (N.T.)
249. D.L., vii, parágrafo 123.
250. Cícero, *Acad. Pr.*, parágrafo 77.
251. D.L., vii, parágrafos 121, 177, 201; Estobeu, ii, 230; Cícero, *Acad. Post.*, parágrafo 42; *Pr.*, parágrafos 54, 59, 66, 77; *pro Mur.*, parágrafos 61, 62; Lactâncio, *Div. Inst.*, iii, 4.
252. Cícero, *Mur.*, parágrafo 61; D.L., vii, parágrafo 122; Estobeu, ii, 230-234.

na do conhecimento e as trevas da ignorância, Platão interpusera o crepúsculo da opinião, por onde caminhavam os seres humanos majoritariamente. Não é, todavia, o que ocorre com o sábio estoico. Dele poder-se-ia dizer, como o disse Charles Lamb[253] do escocês, com o qual ele tão imperfeitamente simpatizava: "Seu entendimento está sempre em seu meridiano – você nunca vê o romper da aurora, os primeiros traços. Ele não padece de nenhuma hesitação quanto a não duvidar de si mesmo. Suposições, conjecturas, apreensões, ligeiras intuições, percepções aproximativas, esclarecimentos parciais, instintos vagos, concepções embrionárias não têm lugar em seu cérebro ou vocabulário. O crepúsculo da dubiedade jamais paira sobre ele.". Opinião, seja sob a forma de um "assentimento não compreendido" ou sob aquela de uma "débil suposição" era estranha à disposição mental de um homem sério.[254] No que tocava a ele, não havia assentimento precipitado ou prematuro do entendimento, nenhum esquecimento, nenhuma desconfiança. Nunca se deixava ser enganado ou iludido; jamais necessitava de um árbitro; jamais estava equivocado em sua avaliação nem confundido por uma outra.[255] Nenhuma pessoa educada jamais se desviava de seu caminho, ou errava o alvo, ou enxergava incorretamente, ou ouvia impropriamente, ou falhava em qualquer um de seus sentidos; ele nunca fazia conjecturas nem mudava de ideia em relação a algo, pois se a primeira dessas coisas era uma forma de assentimento imperfeito, a segunda era um sinal de prévia precipitação. No que lhe dizia respeito, não havia nenhuma mudança, nenhuma retratação, nenhum tropeço. Essas coisas eram para aqueles cujos dogmas eram alteráveis.[256] Depois disso, é quase supérfluo para nós nos assegurarmos de que o sábio nunca se embriagava. Embriaguez, como destacado por Zenão, envolvia tagarelice,

---

253. Charles Lamb (1775-1834), escritor (ensaísta) e humorista inglês. (N.T.)
254. Estobeu, *Ecl.*, ii, 230.
255. *Ibid.*, 232.
256. *Ibid.*, 234.

algo de que o sábio jamais seria responsabilizado.[257] Entretanto, ele não evitaria completamente os banquetes. Na verdade, os estoicos reconheciam uma virtude que ostentava o nome de *sociabilidade*, que consistia na conduta apropriada deles.[258] Foi dito de Crísipo que seu comportamento sempre manifestava tranquilidade, mesmo com um passo instável, de maneira que o administrador de sua casa declarou que somente suas pernas ficavam embriagadas.[259]

Havia chistes mesmo dentro da escola em torno desse assunto da infalibilidade do sábio. Aríston de Quios, embora fosse dissidente em algumas outras matérias, aderia firmemente ao dogma de que o sábio jamais opinava.[260] Por conta disso, Perseu fez dele objeto de um artifício. Providenciou para que um de dois irmãos gêmeos fizesse um depósito em dinheiro com Aríston e o outro o reclamasse de volta. Todavia, o êxito do artifício consistiu apenas em estabelecer que Aríston não era o sábio, algo que, parece, cada um dos estoicos estava suficientemente pronto a admitir pessoalmente, porquanto o peso das responsabilidades dessa posição era fatigante.

Resta mais uma característica principal do sábio, a mais surpreendente de todas, e a mais importante do prisma ético. Esta era a sua inocência ou o fato de ser inofensivo. Não causaria dano aos outros e não sofreria dano da parte dos outros.[261] Com efeito, os estoicos acreditavam, tal como Sócrates, que a lei divina não permitia que uma pessoa melhor fosse prejudicada por uma pior. Igualmente impossível causar dano ao sábio ou à luz do sol; ele estava em nosso mundo, mas não pertencia a este. No que se referia a ele, não havia possibilidade de mal, salvo em sua própria vontade, e esta era para você intocável. E tal como o sábio estava além do dano, também estava ele acima do insulto. As pessoas poderiam envergonhar

---

257. Estobeu, *Ecl.*, ii, 224.
258. *Ibid.*, 118; D.L., vii, parágrafo 118; Sêneca, *Ep.* 123, parágrafo 15.
259. D.L., vii, parágrafo 183.
260. *Ibid.*, parágrafo 162.
261. Estobeu, *Ecl.*, ii, 204.

a si mesmas mediante sua postura insolente diante da majestade branda dele, mas não estava no poder delas envergonhá-lo.[262]

Tal como tinham seu análogo em matéria da doutrina de segurança final, os estoicos também o tinham em matéria de súbita conversão. Sustentavam que alguém poderia se tornar um sábio sem inicialmente o perceber.[263] O caráter abrupto da transição da insensatez à sabedoria estava de acordo com seu princípio de que não havia mediania entre as duas; contudo, foi um ponto que naturalmente atraiu severas críticas de seus opositores. Que alguém fosse em um momento estúpido e ignorante, injusto e imoderado, um escravo, pobre, destituído de tudo, e no momento seguinte um rei rico e próspero, moderado e justo, seguro em seu discernimento e isento de erros era uma transformação, declaravam os opositores, mais ao sabor de contos de fadas para crianças do que compatível com as doutrinas de uma filosofia séria.[264]

---

262. Estobeu, *Ecl.*, ii, 226.
263. *Ibid.*, 236; Plutarco, 1062B, *Com. Not.* 9.
264. Plutarco, 1058B, *St. Abs.*

CAPÍTULO V
FÍSICA

Temos agora diante de nós os principais fatos relativos à concepção estoica da natureza humana, mas temos ainda de ver em qual cenário estão instalados. Qual era a visão estoica do universo? A resposta a essa pergunta é dada por sua física.

Havia, de acordo com os estoicos, dois princípios primordiais de todas as coisas, o ativo e o passivo. O passivo era esse ser inqualificado conhecido como *matéria*. O ativo era o *logos* ou a razão nela presente, que é Deus. Este, sustentava-se, permeia a matéria e cria todas as coisas.[265] Esse dogma, formulado por Zenão, foi repetido depois dele pelos dirigentes subsequentes da escola.

Havia, portanto, dois princípios primordiais, mas não havia duas causas das coisas. Somente o princípio ativo era causa, o outro sendo meramente material sobre o qual opera o primeiro; o princípio passivo é inerte, destituído de sentido e destituído em si mesmo de toda forma e quaisquer qualidades, mas pronto a assumir quaisquer qualidades ou formas.[266]

A matéria era definida como "aquilo a partir do que qualquer coisa é produzida"[267]. A *matéria primária*, ou ser inqualificado, era eterna e não admitia aumento ou diminuição, mas apenas mudança. Era a substância ou ser de todas as coisas existentes.[268]

Os estoicos, o que virá a ser observado, utilizavam o termo *matéria* com a mesma ambiguidade confusa em que nós mesmos o utilizamos, ora se referindo a objetos sensíveis, que possuem

---

265. D.L., viii, parágrafo 134; Plutarco, 878C, *Plac.*, i, 3; Estobeu, *Ecl.*, i, 306.
266. Sêneca, *Ep.* 65, parágrafos 2, 4, 12.
267. D.L., vii, parágrafo 150.
268. Estobeu, *Ecl.*, i, 322, 324, 374, 414, 434; D.L., vii, parágrafo 150.

forma e outras qualidades, ora com referência à concepção abstrata de matéria, que é privada de todas as qualidades.

É preciso que se compreenda que esses dois princípios primordiais eram concebidos como corpos, ainda que sem forma, um interpenetrando o outro em todo lugar.[269] Dizer que o princípio passivo, ou matéria, é um corpo nos soa fácil devido à conhecida confusão mencionada anteriormente. Mas como poderia o princípio ativo, ou Deus, ser concebido como um corpo? A resposta a essa pergunta pode soar paradoxal. É porque Deus é um espírito. *Espírito* em seu sentido original significava ar em movimento. Ora, o princípio ativo não era ar, porém algo que lhe era análogo, nomeadamente éter. O éter em movimento podia ser chamado de *espírito* tanto quanto o ar em movimento. Era nesse sentido que Crísipo definia "a coisa que *é*" sendo "um espírito se movendo para dentro e para fora de si mesmo" ou "um espírito se movendo para lá e para cá".

Dos dois princípios primordiais, que não são gerados e são indestrutíveis, devem ser distinguidos os quatro elementos que, embora finais para nós, ainda assim foram produzidos no começo por Deus e estão destinados a algum dia serem reabsorvidos na natureza divina. Esses elementos, para os estoicos, eram os mesmos que haviam sido aceitos desde Empédocles,[270] a saber, terra, ar, fogo e água. Os elementos, tais como os dois princípios primordiais, eram corpos; diferentemente deles, foi afirmado que possuíam forma bem como extensão.[271]

A definição de elemento era "aquilo a partir do que as coisas inicialmente vêm a ser e em que são finalmente dissolvidas"[272]. Os quatro elementos realmente se encontravam nessa relação com todos os corpos compostos contidos pelo universo. Os termos terra,

---

269. D.L., vii, parágrafo 134.
270. Empédocles de Agrigento (*c.* século V a.C.), filósofo da natureza pré-socrático. (N.T.)
271. D.L., vii, parágrafo 134.
272. *Ibid.*, parágrafo 136.

ar, fogo e água tinham que ser entendidos em um sentido amplo, terra significando tudo o que era da natureza da terra; ar, tudo o que era da natureza do ar, e assim por diante.[273] Assim, no arcabouço humano, os ossos e os nervos pertenciam à terra.

As quatro qualidades da matéria, quente, frio, úmido e seco, eram indicativas da presença dos quatro elementos. O fogo era a fonte do calor; o ar, do frio; a água, da umidade; e a terra, da secura. Entre eles, os quatro elementos constituíram o ser inqualificado chamado *matéria*.[274] Todos os animais e outras naturezas compostas sobre a Terra possuíam em si representantes dos quatro grandes constituintes físicos do universo; mas a lua, de acordo com Crísipo, consistia apenas de fogo e ar, ao passo que o sol era fogo puro.[275]

Embora todos os corpos compostos fossem suscetíveis de dissolução nos quatro elementos, havia diferenças importantes entre os próprios elementos. Dois deles, o fogo e o ar, eram leves; os outros dois, água e terra, eram pesados. Entendia-se por *leve* aquilo que tende a se distanciar de seu próprio centro; por *pesado* aquilo que tende a se dirigir a ele.[276] Os dois elementos leves encontravam-se, relativamente aos dois pesados, praticamente na mesma relação na qual se encontravam geralmente o princípio ativo com o passivo. Mas, além disso, o fogo detinha tal primazia a ponto de habilitá-lo, no caso da definição de elemento ser imposta, a ser considerado somente ele digno do nome,[277] pois os três outros elementos surgiram a partir dele e estavam destinados a nele novamente se dissolverem.

Obteríamos uma impressão inteiramente errada do que o bispo Berkeley[278] chama de "filosofia do fogo" se representássemos em

---

273. Estobeu, *Ecl.*, i, 314.
274. D.L., vii, parágrafo 137.
275. Estobeu, i, 314.
276. Plutarco, 883A, *Plac.*, i, 12.
277. Estobeu, *Ecl.*, i, 312, 314.
278. Georges Berkeley (1685-1753), filósofo irlandês. (N.T.)

nossas mentes, em conexão com isso, o elemento enfurecedor, cuja força reside na destruição. É preferível representarmos para nós como o tipo de fogo o calor solar benigno e beatífico, o acelerador e promotor de toda a vida terrestre, pois, conforme Zenão, havia dois tipos de fogo: um destrutivo e outro que poderíamos denominar "construtivo", e que ele denominava "artístico". Este último tipo de fogo, que era conhecido como éter, constituía a substância dos corpos celestes, como também o era da alma dos animais e da "natureza" das plantas.[279] Crísipo, seguindo Heráclito, ensinava que os elementos passavam de um para outro mediante um processo de condensação e rarefação. O fogo primeiramente se tornava sólido, passando a ser ar, em seguida o ar se convertia em água e finalmente a água em terra. O processo de dissolução ocorria na ordem inversa, a terra se rarefazendo em água; a água, em ar; e o ar, em fogo.[280] É admissível ver nessa doutrina do velho mundo uma antecipação da ideia moderna de distintos estados da matéria – o sólido, o líquido e o gasoso, incluindo um quarto estado além do gasoso, em relação ao qual a ciência ainda só pode conjeturar, e no qual a matéria parece quase se fundir em espírito.

Cada um dos quatro elementos possuía a sua própria morada no universo. Externamente a todos se achava o fogo etéreo, dividido em duas esferas, primeiro aquela dos astros fixos e, a seguir, aquela dos planetas.[281] Abaixo desta encontrava-se a esfera do ar; abaixo desta, a da água; e, a mais baixa de todas ou, em outras palavras, a

---

279. Estobeu, *Ecl.*, i, 538; Cícero, *N.D.*, ii, parágrafo 41; *Acad. Post.*, parágrafo 39.
280. Estobeu, *Ecl.*, i, 314.
281. O autor, o que faz pleno sentido, tal como em praticamente todas as passagens desta obra, está vinculado aos conceitos da filosofia grega. Aqui, por exemplo, quando ele diz *planetas,* o leitor deve ter em mente a astronomia antiga (sistema geocêntrico) na qual se concebia que aquilo que chamamos de planeta (no sistema heliocêntico corpo celeste que se move segundo uma órbita *regular* em torno do sol) era o astro que se movia de maneira *irregular,* simplesmente *errante* (que é precisamente o significado primordial de πλανήτης [*planétes*] e πλανητός [*planetós*]). Isso, evidentemente, em nada deslustra a física estoica, e nem a aristotélica e a astronomia grega realizará expressivo avanço, sobretudo

mais central de todas, a esfera da terra, a fundação sólida da estrutura inteira. Poder-se-ia dizer que a água estava acima da terra, porque em nenhum lugar se encontrava água sem terra sob ela, mas a superfície da água era sempre equidistante do centro, enquanto a terra tinha proeminências que se elevavam acima da água.[282]

A extensão era essencial ao corpo, embora a forma não fosse. Um corpo era "aquilo que tem extensão em três dimensões: comprimento, largura e espessura".[283] Isso também era chamado de um corpo sólido. O limite de tal corpo era uma superfície,[284] que era "aquilo que só possuía comprimento e largura, mas não profundidade". O limite de uma superfície era uma linha que era "comprimento sem largura", como em Euclides,[285] ou "aquilo que possui apenas comprimento". Por último, o limite de uma linha era um ponto, que se estabeleceu ser "o menor sinal" (σημεῖον ἐλάχιστον (*semeîon elákhiston*). Essa definição é sugestiva das *minima visibilia*, ou pontos coloridos de Hume, mas sabemos que os estoicos não admitiam que uma linha fosse constituída de pontos; ou uma superfície, de linhas; ou um sólido, de superfícies. A definição estoica, contudo, possui a vantagem em relação àquela de Euclides, de nos revelar algo positivo a respeito de um ponto. A concepção de ponto como "posição sem magnitude"[286], corrente antes da época de Euclides (323-283 a.C.)[287], é melhor do que uma ou outra das indicadas.

O sólido geométrico não é corpo, como o conhecemos ou como os estoicos o conheciam, pois eles consideravam o univer-

---

nos séculos III e II a.C. em Alexandria, com Eratóstenes e Hiparco, e já na era cristã com Hipácia. (N.T.)

282. D.L., vii, parágrafos 137, 155; Estobeu, i, 446.

283. D.L., vii, 135. Cp. Euc., xi, *Def.* 1.

284. Cp. Euc., i, *Def.* 2.

285. Euclides de Alexandria (?330-?275 a.C.), matemático (geômetra) grego. (N.T.)

286. Aristóteles, *Met.*, iv, 6, parágrafo 24.

287. Como costuma ocorrer com referência às datas de nascimento e morte de vultos da antiguidade, nem sempre as datas são exatas, levando a uma compreensível divergência entre historiadores, estudiosos e autores em geral. (N.T.)

so como um *plenum*[288]. "Passividade", junto aos estoicos, parece ter ocupado o lugar de "resistência" para nós como o atributo que distinguia o corpo do vácuo.

Quando dizemos que os estoicos consideravam o universo como um *plenum*, o leitor deve entender por *universo* o *cosmos* ou o Todo ordenado. No interior deste não havia vazio devido à pressão da esfera celestial sobre a esfera terrestre.[289] Mas fora dele jazia o vácuo infinito, sem começo, meio ou fim.[290] Este ocupava uma posição muito ambígua no esquema deles. Não era ser, já que o ser estava circunscrito ao corpo e, no entanto, ele estava lá. Na verdade, ele era nada, e esta era a razão de ser infinito, pois como não é possível que nada seja um limite para qualquer coisa, tampouco é possível haver qualquer limite para o nada.[291] Mas embora incorpóreo ele mesmo, tinha a capacidade de conter corpo, fato que o tornou capaz, a despeito de sua não-entidade, de servir, como veremos, a um propósito útil.

Então, os estoicos consideravam o universo como finito ou infinito? Na resposta a essa pergunta temos que distinguir nossos termos, como eles o fizeram. O Tudo[292], diziam, era infinito, mas o Todo[293] era finito, pois o Tudo era o cosmos e o vácuo, ao passo que o Todo era somente o cosmos.[294] É possível supormos que essa distinção tenha nascido com os membros posteriores da escola. Com efeito, Apolodoro[295] notou a ambiguidade da pala-

---

288. Espaço ocupado completamente de matéria. (N.T.)
289. D.L., vii, parágrafo 140.
290. Plutarco, 883F, *Plac.*, i, 18; 1054B, *Sto. Repug.* 44; Estobeu, *Ecl.*, i, 382.
291. Estobeu, *Ecl.*, i, 392.
292. ...*All*... . (N.T.)
293. ...*Whole*... . (N.T.)
294. Infelizmente o autor não indica os termos em grego, mas supomos serem respectivamente πάντα (*pánta*), nominativo plural neutro e ὅλον (*hólon*), nominativo singular neutro. (N.T.)
295. Não sabemos exatamente a que Apolodoro o autor se refere. Provavelmente ao gramático que floresceu em Atenas por volta de 140 a.C. (N.T.)

vra Tudo como significando (1) somente o cosmos, (2) o cosmos mais o vácuo.[296]

Se, então, pelo termo *universo* entendemos o cosmos, ou o Todo ordenado, é necessário dizermos que os estoicos consideravam o universo como finito. Todo o ser e todo o corpo, que era o mesmo que ser, necessariamente tinham limites; somente o não--ser era sem limite.[297]

Uma outra distinção, desta vez devida ao próprio Crísipo, que os estoicos julgaram conveniente traçar, era entre as três palavras *vácuo, lugar* e *espaço*. Vácuo era definido como "a ausência de corpo"; lugar era aquilo que era ocupado pelo corpo; o termo *espaço* estava reservado para aquilo que estava parcialmente ocupado e parcialmente desocupado.[298] Como inexistia qualquer canto do cosmos não preenchido pelo corpo, espaço, como se verá, constituía um outro nome para o Tudo. O lugar era comparado a um recipiente que estivesse cheio; o vácuo, a um que estivesse vazio; e o espaço, ao imenso tonel de vinho,[299] tal como aquele do qual Diógenes fez o seu lar, o qual era mantido parcialmente cheio, mas no qual havia sempre espaço para mais. Está claro que não devemos impor essa última comparação, pois se o espaço fosse um tonel seria um sem topo, fundo ou lados.

Mas embora os estoicos considerassem nosso universo como uma ilha do ser em um oceano de vácuo, não admitiam a possibilidade de que outras ilhas semelhantes pudessem existir além de nosso horizonte. O espetáculo dos céus estrelados que se apresentava noturnamente ao olhar deles com todo o brilho de um céu do sul – isso era tudo o que havia do ser; além disso jazia o nada. Demócrito ou os epicurianos podiam sonhar com outros mundos,

---

296. Plutarco, 886C, *Plac.*, ii, 1; D.L., vii, parágrafo 143.
297. Estobeu, i, 392.
298. *Ibid.*, 382; Plutarco, 884A, *Plac.*, i, 20; Sexto Empírico, *P.H.*, iii, 124.
299. Estobeu, *Ecl.*, i, 392.

mas os estoicos sustentavam a unidade do cosmos[300] tão firmemente quanto os adeptos do Islã sustentam a unidade de Deus, pois para eles o cosmos era Deus.

Quanto à forma, eles o concebiam como esférico sob o fundamento de que a esfera era a figura perfeita, sendo, inclusive, a que melhor se ajustava ao movimento.[301] Não que o universo como um todo se movia. A Terra estava situada no seu centro, esférica e imóvel, e em torno dela efetuavam sua trajetória o sol, a lua e os planetas, fixado cada um em sua respectiva esfera, como em tantos anéis concêntricos, enquanto o anel mais externo de todos, o qual continha os astros fixos, girava ao redor dos restantes a uma velocidade inconcebível.

A tendência de todas as coisas do universo para o centro[302] conservava a Terra fixa no meio como estando sujeita a uma igual pressão em todos os lados. Causa idêntica, inclusive, segundo Zenão, conservava o próprio universo em repouso no vácuo. Mas em um vácuo infinito podia ser indiferente se o Todo estava em repouso ou em movimento. É possível que tenha sido um desejo de escapar da noção de um todo migratório que levou Zenão a introduzir a curiosa doutrina de que o universo não possui peso, sendo composto de elementos dos quais dois são pesados e dois são leves. O ar e o fogo efetivamente tendiam para o centro, como tudo o mais no cosmos, mas não até que houvessem alcançado o seu posto natural. Até então tinham uma natureza "ascendente". Parece, portanto, que as tendências ascendente e descendente dos elementos eram mantidas para a mútua neutralização, e assim deixar o universo desprovido de peso.[303]

Os estoicos extraíam prazer de dissertar a respeito da beleza do universo. Essa beleza estava manifesta em sua forma, em sua cor,

---

300. Plutarco, 879A, *Plac.*, i, 5; Estobeu, *Ecl.*, i, 496; D.L., vii, parágrafo 143.
301. Estobeu, *Ecl.*, i, 356; Plutarco, 879D, 886C, *Plac.*, ii, 2; D.L., vii, parágrafo 139.
302. O que chamamos modernamente de força centrípeta. (N.T.)
303. Estobeu, *Ecl.*, i, 406, 408.

em seu tamanho e em sua vestimenta bordada de estrelas.[304] Sua forma era a de uma esfera, a qual era tão perfeita entre as figuras sólidas quanto o círculo entre as figuras planas, e, por idêntica razão, nomeadamente todo ponto na circunferência era equidistante do centro.[305] Sua cor, na maior parte, o azul celeste profundo, mais escuro e mais resplandecente do que o púrpura, realmente o único matiz suficientemente intenso para alcançar, de qualquer modo, nossos olhos por meio de um espaço aéreo interjacente tão vasto.[306] No tamanho, que é um elemento essencial da beleza, ele era, decerto, incomparável. E então havia a glória do

> *lampejo da contemplação estelar do céu,*
> *O belo bordado do tempo, obra de mão habilidosa.*[307]

O universo era a única coisa perfeita em si mesma;[308] a única coisa que era um fim em si mesma. Todas as demais coisas eram realmente perfeitas como partes quando consideradas com referência ao todo, mas nenhuma delas era um fim em si mesma,[309] a não ser que o ser humano pudesse ser julgado como tal, ele que nascia para contemplar o universo e imitar suas perfeições.[310] Assim, portanto, os estoicos efetivamente conceberam o universo no seu aspecto físico – como uno, finito, fixo no espaço, mas revolvendo em torno de seu próprio centro, a Terra, de uma beleza superior a todas as coisas e perfeito como um todo.

Impossível, porém, para essa ordem e beleza existir sem inteligência. O universo estava impregnado de inteligência, como estava o corpo de um ser humano impregnado por sua alma. Mas, tal

---

304. Plutarco, 879D, *Plac.*, i, 6.
305. Cícero, *N.D.*, ii, parágrafo 47.
306. Plutarco, 879D, *Plac.*, i, 6.
307. S.E., *adv. M.*, ix, 54.
308. Cícero, *N.D.*, ii, parágrafo 37.
309. Plutarco, 1055F, *Sto. Repug.* 44.
310. Cícero, *N.D.*, ii, parágrafo 37.

como a alma humana, ainda que em todo lugar presente no corpo, não se encontra presente em todo lugar no mesmo grau, o mesmo ocorria com a alma do mundo. A alma humana apresenta-se não só como intelecto, mas também nas manifestações inferiores dos sentidos, crescimento e coesão. É a alma a causa da vida vegetativa, que se exibe mais particularmente nas unhas e nos cabelos; é também a alma que produz coesão entre as partes das substâncias sólidas, tais como os ossos e os nervos que constituem nossa estrutura.[311] Da mesma maneira, a alma do mundo se exibia nos seres racionais como intelecto; nos animais inferiores, como mera alma; nas plantas, como natureza ou crescimento; e nas substâncias inorgânicas, como *adesão* ou coesão.[312] Acrescente mudança a esse estágio mais inferior e você terá crescimento ou a natureza vegetal; acrescente adicionalmente a isso a fantasia e o impulso, e você ascenderá à alma dos animais irracionais; em um estágio ainda mais elevado, você alcançará o intelecto racional e discursivo, o qual é peculiar ao ser humano entre as naturezas mortais.[313]

Referimo-nos à alma como a causa da vida vegetativa em nossos corpos, mas os estoicos não admitiam que as plantas possuíssem *alma* em um sentido estrito.[314] O que as animava era a "natureza" ou, como o chamamos anteriormente, o "crescimento".[315] Natureza, nesse sentido de princípio do crescimento, era definida pelos estoicos como "um fogo construtivo que procedia regularmente rumo à produção", ou "um espírito ígneo dotado de habilidade artística".[316] Que a natureza era uma artista dispensava provas, já que era o artesanato dela que a arte humana tentava imitar. Ela, porém, era uma artista que combinava o útil com o agradável, visando

---

311. D.L., vii, parágrafo 139.
312. S.E., *adv. M.*, ix, 81; Fílon, i, 71, *Leg. All.*, 7; ii, 496, *Incor. Mund.*, parágrafo 10; ii, 606, *de Mund.*, parágrafo 4; Plutarco, 451, *de Virt. Mor.*, 12.
313. Fílon, i, 71, *Leg. All.*, ii, parágrafo 7.
314. Plutarco, 910B, *Plac.*, v, 26; *M. Ant.*, vi, 14.
315. φύσις (*phýsis*).
316. D.L., vii, parágrafo 156; Cícero, *N.D.*, ii, parágrafo 57; Plutarco, 881E, *Plac.*, i, 6.

ao mesmo tempo à beleza e à conveniência.[317] No sentido mais lato, natureza constituía um outro nome para Providência, ou o princípio que mantinha o universo unido,[318] mas como o termo está agora sendo empregado, significava aquele grau de existência que está acima da coesão e abaixo da alma. Deste ponto de vista, era definido como "coesão sujeita a uma mudança causada por si mesma em conformidade com razões seminais, produzindo e mantendo seus resultados em tempos definidos e reproduzindo na prole as características do pai". Isso soa tão abstrato quanto a definição de vida de Herbert Spencer[319]; mas é preciso ter em mente que a natureza era todo o tempo um "espírito", e, como tal, um corpo. Tratava-se de um corpo cuja essência era menos sutil do que a alma.[320] De maneira análoga, quando os estoicos falavam de coesão, não se deve entender que estavam se referindo a algum princípio abstrato como atração. *Coesões*, dizia Crísipo, "não são senão ares, pois é por meio destes que os corpos são mantidos coesos; e, no que respeita às qualidades individuais das coisas que são mantidas unidas por meio da coesão, o que produz compressão é o ar, esta causa da compressão sendo chamada de *dureza* no caso do ferro, *espessura* no caso da pedra e *brancura* no caso da prata". Não apenas o que é sólido, então, mas também as cores, chamadas por Zenão de "os primeiros esquematismos" da matéria[321], eram consideradas como causadas pela misteriosa ação do ar. Na verdade, as qualidades em geral não passavam de rajadas e tensões do ar, que atribuíam forma e figura à matéria inerte que lhes servia de fundamento.[322]

Como o ser humano é, em um sentido, a alma, em um outro o corpo e em um terceiro a união de ambos, o mesmo ocorria com

---

317. D.L., vii, parágrafo 149; Cícero, *N.D.*, ii, parágrafo 58.
318. D.L., vii, parágrafo 148.
319. Herbert Spencer (1820-1903), filósofo inglês. (N.T.)
320. Plutarco, 1052F, *Sto. Repug.* 41.
321. Plutarco, 883C, *Plac.*, i, 15; Estobeu, *Ecl.*, i, 364.
322. Plutarco, 1054A, *Sto. Repug.* 43.

o cosmos. Esta palavra era usada em três sentidos: (1) Deus, (2) a organização dos astros etc. e (3) a combinação de ambos.[323]

O cosmos, como idêntico a Deus, era descrito como "um indivíduo constituído pela totalidade do ser, incorruptível e não gerado, o modelador da estrutura ordenada do universo, que em certos períodos do tempo absorve todo o ser dentro de si e novamente o gera a partir de si mesmo"[324]. Assim, o cosmos no seu lado externo estava condenado a perecer, e a forma de sua destruição era para ser pelo fogo, doutrina impressa na crença mundial até os dias de hoje. O que era para produzir essa consumação: a alma do universo tornar-se grande demais para seu corpo, o qual ela finalmente engoliria por completo.[325] Na "eflagração"[326], quando tudo retornava ao éter primevo, o universo seria alma pura e igualmente vivo por completo. Nesse estado sutil e atenuado, ele exigiria mais espaço do que antes e assim expandiria para o interior do vácuo, contraindo novamente quando um outro período de geração cósmica tivesse se instalado. Daí a definição estoica do *vácuo* ou *infinito* como "aquilo em que o cosmos é dissolvido na eflagração[327]".

Vê-se nessa teoria da contração do universo a partir de um estado etéreo e o retorno final à mesma condição algo semelhante à moderna hipótese científica da origem de nosso sistema planetário a partir da nebulosa solar e seu fim predestinado na mesma.[328] Essa semelhança é especialmente de se notar na forma em que a teoria foi sustentada por Cleantes, que retratou os corpos celestes como

---

323. D.L., vii, parágrafos 137, 138; Eus., *Pr. Ev.*, xv, 15, parágrafos 1, 2.
324. D.L., vii, parágrafo 137.
325. Plutarco, 1052C, *Sto. Repug.* 39, 1053B, *Sto. Repug.* 41.
326. ...'*efflagration,*'...: esta palavra soa estranha, mas tudo indica que o autor quer dizer o mesmo que *conflagration* (conflagração), destruição pelo fogo. (N.T.)
327. Ver nota anterior. (N.T.)
328. O leitor deve ter em mente que esta obra foi publicada inicialmente na primeira década do século XX. Deve-se, evidentemente, considerar os avanços da ciência desde então no domínio da física e da astronomia contemporâneas, isto sem desmerecer, é claro, a oportuna, relevante e correta assertiva do autor. (N.T.)

se precipitando rumo à sua própria destruição arremessando a si mesmos, semelhantemente a tantas gigantescas mariposas, no interior do sol. Cleantes, todavia, não concebia uma mera força mecânica atuando nessa matéria. A apoteose grandiosa do suicídio por ele prevista era um ato voluntário, pois os corpos celestes eram deuses e estavam desejosos de perder os seus próprios em uma vida maior.[329]

Assim, todas as divindades, exceto Zeus, eram mortais ou, em todo o caso, perecíveis. Deuses, como os seres humanos, estavam destinados a ter um fim algum dia. Iriam derreter na grande fornalha do ser como se fossem feitos de cera ou estanho. Zeus seria deixado, então, sozinho com seus próprios pensamentos,[330] ou, como os estoicos às vezes o expressavam, Zeus recorreria à Providência. Com efeito, por Providência entendiam o princípio ou a inteligência condutora do todo, e, por Zeus, enquanto distinto da Providência, essa inteligência em união com o cosmos, que era para ela como um corpo. Na eflagração[331] os dois seriam fundidos em um na substância singular do éter.[332] E então, na plenitude do tempo ocorreria uma restituição de todas as coisas. Tudo se restabeleceria exatamente como fora antes.[333]

> *Alter erit tum Typhis, et altera quae vehat Argo*
> *delectos heroas; erunt etiam altera bella,*
> *atque iterum ad Troiam magnus mittetur Achilles.*
>
> [Surgirá outro Tífis e uma outra Argo
> para levar os heróis escolhidos.
> Haverá outra guerra, e o grande Aquiles
> será novamente enviado à Troia.]

Para nós, que fomos ensinados a ansiar pelo progresso, isso parece uma perspectiva sombria. Mas os estoicos eram otimistas

---
329. Plutarco, 1075D, *Com. Not.* 31.
330. Sêneca, *Ep.* 9, parágrafo 16.
331. Ver nota 326. (N.T.)
332. Plutarco, 1077D, *Com. Not.* 36; Fílon, ii, 501, *Incor. Mund.*, parágrafo 14.
333. Estobeu, *Ecl.*, i, 414; Lactâncio, *Div. Inst.*, vii, 23; *Numenius in Eus. Pr. Ev.*, xv, 18.

coerentes e não solicitavam uma mudança naquilo que era o melhor. Estavam contentes de que o único drama da existência experimentasse uma sucessão perpétua de encenações, sem talvez uma consideração muito boa pelos atores. A morte interrompia a vida, mas não a findava, pois a vela da vida, que era agora apagada, seria reacendida depois. O ser e o não ser se restabeleciam em uma sucessão interminável para todos, exceto Ele, no qual todo o ser era dissolvido e a partir do qual emergia novamente, como se do vórtice de algum grande redemoinho eterno.[334]

---

334. Sêneca, *Ep.* 30, parágrafo 11; 36, parágrafo 10; 54, parágrafo 5; 71, parágrafos 13, 14.

CAPÍTULO VI
CONCLUSÃO

Ao declarar ante seus juízes que "nenhum mal existe para um homem bom ou na vida ou após a morte, nem são seus negócios negligenciados pelos deuses",[335] Sócrates emitiu o tom fundamental do estoicismo, com suas duas doutrinas principais da virtude como o único bem e do governo do mundo pela Providência. Vamos pesar suas palavras para não as interpretarmos à luz de uma cômoda devoção moderna. Uma grande quantidade de coisas comumente chamadas de males pode acometer e realmente acomete um homem bom durante esta vida e, portanto, é presumível que ele possa também ser atingido por infortúnios em qualquer outra vida que possa haver. O único mal que jamais pode atingi-lo é o vício, porque isso seria uma contradição terminológica. Daí, a menos que Sócrates estivesse proferindo um discurso inútil na ocasião mais solene de sua vida, impõe-se entendermos que queria dizer que não há nenhum mal exceto o vício, o que significa que não há nenhum bem exceto a virtude. Assim, aportamos de imediato no âmago da moralidade estoica. À pergunta do porquê, na hipótese de haver uma providência, tantos males atingem os homens bons, Sêneca responde com firmeza: "Nenhum mal pode atingir um homem bom; contrários não se misturam.". Deus removeu dos bons todo o mal, porque deles suprimiu crimes e pecados, maus pensamentos e projetos egoístas, a luxúria cega e a avidez da avareza. Concedeu uma boa atenção a eles próprios, mas não se pode espe-

---

335. Platão, *Apologia de Sócrates*, 41d.*

* Em grego: οὐκ ἔστιν ἀνδρὶ ἀγαθῷ κακὸν οὐδὲν οὔτε ζῶντι οὔτε τελευτήσαντι, οὐδὲ ἀμελεῖται ὑπὸ θεῶν τὰ τούτου πράγματα. (*oyk éstin andrì agathôi kakòn oydèn oýte zônti oýte teleytésanti, oýdè ameleîtai hypò theôn tà toýtoy prágmata*.). (N.T.)

rar que cuide de sua bagagem; eles (os bons) aliviam-no desse cuidado mediante a indiferença quanto a ela.[336] Somente dessa forma a doutrina da providência divina pode ser sustentada em coerência com os fatos da vida. Por outro lado, quando Sócrates, na mesma ocasião, diz "pois acredito não ser permitido pela lei divina que um homem melhor seja vítima de dano por parte de um pior"[337], ele estava afirmando implicitamente a posição estoica. Nem Meleto, nem Anito[338] podiam causar-lhe dano, embora pudessem fazê-lo ser morto, ou banido ou privado de seus direitos. Essa passagem da *Apologia*, em uma forma condensada, é adotada por Epicteto como uma das divisas do estoicismo.[339]

Nada há de mais distintivo com referência a Sócrates do que a doutrina de que virtude é conhecimento.[340] Também aqui os estoicos o adotaram, ignorando tudo o que Aristóteles havia feito mostrando o papel desempenhado pelas emoções e a vontade na virtude. Para os estoicos, a razão era um princípio de ação; para Aristóteles, era um princípio que guiava a ação, mas o poder impulsionador tinha que vir de outra parte.[341] Sócrates deve até ser

---

336. Sêneca, *de Prov.*, 2, 6; Cícero, *Fin.*, iii, parágrafo 29.
337. Platão, *Apologia de Sócrates*, 30d. Em grego: οὐ γὰρ οἴομαι θεμιτὸν εἶναι ἀμείνονι ἀνδρὶ ὑπὸ χείρονος βλάπτεσθαι. (*oy gàr oíomai themitòn eînai ameínoni andrì hypò kheíronos bláptesthai*.). (N.T.)
338. Meleto e Anito foram dois dos três acusadores de Sócrates que juntamente com Lícon tinham movido uma ação pública contra ele. Essa ação resultou no julgamento de Sócrates e sua condenação à morte. Consultar *Apologia de Sócrates*, de Platão. (N.T.)
339. Epicteto, *Ench.*, 52.*
 * Eis a divisa: *Anito e Meleto podem me matar, mas não me causar dano*. Em grego: ἐμὲ δὲ Ἄνυτος καὶ Μέλητος ἀποκτεῖναι μὲν δύνανται, βλάψαι δὲ οὔ (*emè dè Ánytos kaì Méletos apokteînai mèn dýnantai, blápsai dè oý*.). (N.T.)
340. Xenofonte, *Ditos e Feitos memoráveis de Sócrates*, iii, 9, parágrafos 4, 5.
341. *E.N.*, vi, 2, parágrafo 5.*
 * ...O intelecto, porém, nada move por si mesmo, mas somente o intelecto que visa a um fim e vinculado à ação; este é, com efeito, o princípio produtivo;... (1139a36-1139b1); em grego: ...διάνοια δ' αὐτὲ οὐθὲν κινεῖ, ἀλλ' ἡ ἕνεκά του καὶ πρακτική· αὕτη γὰρ καὶ τῆς ποιητικῆς ἄρχει· (*diánoia d' haýte oythèn kineî, all' he henekà toy kaì praktiké· haýte gàr kaì tês poietikès árkhei*·). (N.T.)

responsabilizado pelo paradoxo estoico da loucura de todas as pessoas comuns.[342]

Os estoicos não tiveram nenhum grande débito com os peripatéticos. Para a intensidade estreita deles havia demasiado equilíbrio em torno do cérebro dominante e sistematizador de Aristóteles. O reconhecimento deste do valor das paixões constituía para eles uma defesa da doença do ponto de vista da moderação; a admissão de Aristóteles de outros elementos além da virtude para a concepção da felicidade a eles parecia uma traição da cidadela; afirmar, como ele afirmava, que o exercício da virtude constituía o bem supremo não representava nenhum mérito aos olhos deles, a menos que isso fosse adicionado à confissão de que não havia nenhum fora ela. A tentativa dos estoicos foi tratar o ser humano como um ser de pura razão. Os peripatéticos não fecharam os olhos para a natureza mista do ser humano, e sustentavam que o bem de tal ser era também necessariamente misto, nele contendo elementos que entretinham referência ao corpo e àquilo que o circundava. Realmente os bens da alma, diziam, superavam de longe os do corpo e aqueles referentes às posses, mas ainda assim estes últimos estavam no direito de serem considerados. Que a virtude é a única coisa indispensável foi reconhecido tanto pelos peripatéticos quanto pelos estoicos, porém em um sentido diferente. Os peripatéticos entenderam por isso que coisas como saúde, riqueza, honra, família, amigos e pátria, embora boas a seu modo, não eram, no entanto, para serem comparadas com os bens da alma, enquanto os estoicos entenderam literalmente que não havia outros bens. Na prática, as duas doutrinas resultariam no mesmo, uma vez que o adepto de uma ou outra das duas escolas, se fiel aos seus princípios, sacrificaria igualmente os bens inferiores em prol dos superiores em caso de conflito. A vantagem, entretanto, dos peripatéticos era classificar de bens aquelas coisas que todos, salvo para o bom andamento da discussão, reconhecem como tais. Também no tocante à felicidade, a posição deles era a da

---

342. Xenofonte, *Ditos e Feitos memoráveis de Sócrates*, iii, 9, parágrafo 6.

opinião comum. A felicidade não é pensada separadamente da virtude, nem, todavia, separadamente da fortuna. Possui seu lado interno e seu lado externo. Os estoicos admitiam apenas o interno; os peripatéticos incluíam também o externo. Ao circunscrever a felicidade ao seu lado interno os estoicos a identificavam com a virtude. Mas, nesse caso, estamos essencialmente diante de uma concepção unilateral. A felicidade é uma concepção composta. É semelhante à imagem vista por Nabucodonosor[343] em seu sonho, que principiava com fino ouro e terminava com barro lamacento. A conclusão é que a felicidade consiste principalmente do ouro puro da virtude, mas descamba rumo aos extremos em materiais mais vis.

Mas ainda que possamos nos recusar a conversar com os estoicos, por objeção ao seu abuso da linguagem, não precisamos nos recusar a admirar a excelsitude de suas aspirações. De bom grado esculpiriam a imagem de seu sábio de ouro fino da cabeça aos calcanhares. Sentiam que nenhum bem é satisfatório exceto o supremo. Buscavam uma paz que o mundo não pode dar, e diziam à Virtude, como Agostinho[344] dizia a Deus: "Não é possível que nosso coração encontre repouso até que repouse em ti."[345] Percebiam que se a felicidade dependesse em qualquer grau de coisas externas, a serenidade imperturbável do sábio seria impossível. Na verdade, é impossível. O cristianismo o reconheceu ao adiar a felicidade para uma vida futura. Mas foi o anseio por tal paz perfeita que conduziu à posição estoica. Também estavam convencidos de que o homem bom é necessariamente amado por Deus e objeto de Seu cuidado; viram, entretanto, que não era assim com respeito às coisas externas: consequentemente inferiram que tais coisas eram indiferentes.[346] E, se indiferentes, então desprezíveis, de maneira que não precisavam se

---

343. Monarca caldeu da Babilônia que viveu em torno de 530 a.C. (N.T.)
344. Aurélio Agostinho ou Sto. Agostinho (354-430), natural de Tagasta, na África, teólogo e bispo de Hipona, considerado um dos Pais da Igreja Apostólica Romana, expoente da filosofia patrística. (N.T.)
345. *Confissões*, i, 1.
346. Sêneca, *Ep.* 74, parágrafo 10.

preocupar com elas. Tudo o que tinham a fazer era conservar uma consciência na qual não houvesse transgressão ou pecado, e deixar que as outras coisas ficassem por sua própria conta.[347] Não pensar no amanhã era o resultado de seu ensinamento, como do Sermão da Montanha. Mas os estoicos estavam prontos a conduzir sua doutrina a suas consequências lógicas e, se o alimento não estivesse disponível, se valerem eles mesmos de uma porta que estivesse aberta.[348] Por quanto tempo a virtude durava, declaravam, não vinha ao caso; o que contava era o estado de espírito. O sábio julgaria que o tempo não lhe pertencia.[349] Conclui-se que os estoicos estavam prontos para servir a Deus a troco de nada, sequer pedindo a retribuição que consistia em "prosseguir e, de qualquer modo, ser". Não avaliavam a providência de Deus segundo pães e peixes que lhes cabiam como seu quinhão, mas eram detentores da fé capaz de exclamar: "Embora Ele me extermine, ainda assim Nele confiarei.". Por que deveria aquele que possui o único bem queixar-se da distribuição das coisas indiferentes? O verdadeiro estoico, tendo escolhido a melhor parte, contentava-se em "estar sossegado e não murmurar". Poderia haver uma vida futura – os estoicos acreditavam que havia –, mas ela jamais se apresentou a eles como necessária para corrigir a injustiça desta. Não havia injustiça. A virtude dispensava recompensa ou podia se passar sem ela, pois não deixava de se bastar a si mesma. Tampouco podia a pessoa viciosa deixar de ser punida, já que essa punição era ter ela perdido o único bem.[350]

"*Virtutem videant, intabescantque relicta.*"[351]

["Que vejam a virtude e sofram por tê-la perdido."]

Embora os estoicos fossem religiosos a ponto de serem supersticiosos, ainda assim não invocavam os terrores da teologia para

---

347. Cícero, *T.D.*, v, parágrafo 4.
348. Epicteto, *Diss.*, i, 9, parágrafos 19, 20; Estobeu, *Ecl.*, ii, 198.
349. Sêneca, *Ep.* 32, parágrafo 4.
350. Sêneca, *Ep.* 97, parágrafo 14.
351. Pers., *Sat.*, iii, 38.

aplicar a lição da virtude. Platão o faz na própria obra, cuja finalidade declarada é provar a superioridade *intrínseca* da justiça sobre a injustiça. Crísipo, contudo, protestava contra o procedimento de Platão nesse ponto, afirmando que a conversa acerca de punição pelos deuses não passava de conversa em torno de "bicho-papão"[352].[353] Realmente, no que diz respeito aos estoicos, não menos do que no que diz respeito aos epicurianos, o medo em relação aos deuses estava descartado da filosofia.[354] Os deuses epicurianos não participavam dos negócios humanos; o Deus estoico era incapaz de ira.

Não recorrer de modo algum a recompensas e punições constituía uma consequência natural do princípio central da moralidade estoica, de que a virtude é em si mesma a mais desejável de todas as coisas. Um outro corolário que flui tão diretamente quanto isso, do mesmo princípio, é que é melhor ser virtuoso do que parecer virtuoso. Aqueles que estão sinceramente convencidos de que a felicidade é para ser achada na riqueza ou no prazer ou no poder preferem a realidade desses bens em lugar de sua aparência; é o que deve ocorrer com aquele que está sinceramente convencido de que a felicidade reside na virtude. Ser justo, então, é o grande *desideratum*: quantas pessoas estão cientes de que você é justo não vem ao caso e é inútil.[355] Muitíssimo mais importante do que aquilo que as outras pessoas pensam de você é aquilo que você tem razão em pensar de você mesmo.[356] O mesmo espírito inquiridor é exibido na declaração estoica de que "estar na licenciosidade é pecado mesmo na ausência do ato".[357] Aquele que apreende a força de tal filosofia pode muito bem apostrofá-la nas palavras de Cícero: "Um dia bem despendido e de acordo com teus preceitos vale uma imortalidade de pecado."[358]

---

352. "*bugaboo*", ou "coisas fantasmagóricas que amedrontam as pessoas". (N.T.)
353. Plutarco, 1040B, *Sto. Repug.* 15; Cícero, *N.D.*, ii, parágrafo 5.
354. Cícero, *De officiis*, iii, parágrafo 102.
355. Sêneca, *Ep.* 113, parágrafo 32.
356. *Ibid.*, 29, parágrafo 11.
357. Cícero, *Fin.*, iii, parágrafo 32.
358. Cícero, *T.D.*, v, parágrafo 5.

Apesar da impassibilidade da qual os estoicos se vangloriavam, ainda assim é verdade declarar que a humanidade de seu sistema constitui uma das suas mais justas reivindicações para a nossa admiração. Foram os primeiros a reconhecer plenamente o valor do ser humano enquanto ser humano;[359] anunciaram o reinado da paz,[360] pelo qual ainda estamos esperando; proclamaram ao mundo que Deus é Pai e que os seres humanos são irmãos; estavam convencidos da solidariedade humana e estabeleceram que o interesse individual deve se subordinar ao coletivo.[361] A palavra *filantropia*, embora não fosse desconhecida antes do tempo deles,[362] recebeu ênfase por parte deles, destacada como nome para uma virtude entre as virtudes.

O Estado ideal de Aristóteles, como a República de Platão permanecem sendo uma cidade-Estado helênica; Zenão foi o primeiro a sonhar com uma república que abrangesse toda a humanidade. Em *A República* de Platão todos os bens materiais são desdenhosamente arrojados às classes inferiores, enquanto todos os bens intelectuais e espirituais estão reservados às superiores. No âmbito do ideal de Aristóteles, o grosso da população é mera condição, e não parte integral do Estado. A aceitação insensível por parte de Aristóteles da existência da escravidão cegou os seus olhos para uma perspectiva mais ampla, que já em seu tempo começava a ser adotada. Suas teorias do escravo por natureza e da nobreza por natureza relativas aos gregos não passam de tentativas de justificar a prática. Na sua *Ética* há realmente um reconhecimento dos direitos do ser humano, mas é tímido e expresso com relutância. Nela, Aristóteles nos diz que um escravo, como um ser humano, admite justiça e, portanto, amizade,[363] mas infelizmente essa admissão não é domi-

---

359. Cícero, *Fin.*, iii, parágrafo 63; *De officiis*, iii, parágrafo 27.
360. Cícero, *De officiis*, iii, parágrafo 25; Lactâncio, *Div. Inst.*, vi, parágrafo 11.
361. Cícero, *De officiis*, iii, parágrafo 26; *Fin.*, iii, parágrafo 64.
362. Platão, *Eutífron*, 3 D; Xenofonte, *Ditos e Feitos memoráveis de Sócrates*, i, 2, parágrafo 60.
363. *E.N.*, viii, 11, parágrafo 7, 1161b5-8.

nante em seu sistema, sendo, antes, imediatamente precedida pela redução de um escravo a uma ferramenta animada. Em uma outra passagem, Aristóteles salienta que os seres humanos, como outros animais, têm uma afeição natural pelos membros de sua própria espécie, um fato, ele acrescenta, que é melhor observável nas viagens.[364] Esse incipiente espírito humanitário parece ter sido desenvolvido de uma forma muito mais acentuada pelos seguidores de Aristóteles;[365] mas a glória de haver iniciado o sentimento humanitário foi conquistada pelos estoicos.

A virtude, junto aos primeiros filósofos gregos, tinha caráter aristocrático e exclusivo. O estoicismo, como o cristianismo, a franqueou aos mais inferiores entre os seres humanos. No reino da sabedoria, como no reino de Cristo, não havia "nem bárbaro, cítio, escravo, nem homem livre". A única liberdade verdadeira era servir a filosofia,[366] ou, o que constituía a mesma coisa, servir a Deus;[367] e isso podia ser feito em qualquer fase da vida. A única condição para a comunhão com os deuses e com as pessoas boas era a posse de uma certa disposição de espírito, a qual podia pertencer igualmente a um nobre, a um liberto ou a um escravo. Em lugar da asserção arrogante da nobreza natural dos gregos, ouvimos agora que uma boa mente é a verdadeira nobreza.[368] A condição de nascimento não tem importância; são os deuses que produzem a todos. "A porta da virtude não está fechada para nenhum ser humano: está aberta para todos, admite a todos, convida a todos – homens livres, libertos, escravos, reis e exilados. Não elege segundo o critério da ascendência ou da fortuna; contenta-se com a pessoa simplesmente."[369] Onde houvesse um ser humano via o estoicismo

---

364. *E.N.*, 1, parágrafo 3, 1155a20-22.
365. Cícero, *Acad. Post.*, i, parágrafo 21; Estobeu, *Ecl.*, ii, 254.
366. Sêneca, *Ep.* 8, parágrafo 7; 37, parágrafo 4; Fílon, ii, 451, Q. O. P. L., parágrafo 7.
367. Sêneca, *Vit. B.*, 15, parágrafo 6.
368. Sêneca, *Ep.* 44, parágrafo 2.
369. Sêneca, *Ben.*, iii, 18, parágrafo 2.

uma oportunidade para fazer o bem.[370] Seus adeptos tinham sempre que ter em seus lábios e corações a famosa sentença...

"*Homo sum, humani nihil a me alienum puto.*"[371]
["Sou homem, e nada relacionado ao ser humano me é estranho."]

O espírito humanitário dos gregos está estreitamente associado ao seu cosmopolitismo.

Cosmopolitismo é uma palavra que no decorrer do tempo reduziu o seu significado em lugar de ampliá-lo. Para nós, significa liberdade dos grilhões da nacionalidade. Para os estoicos significava isso e mais. O Estado do qual afirmavam serem cidadãos não era meramente este mundo esférico que habitamos, mas todo o universo, com toda a vida pujante nele contida. Nesse Estado, as maiores cidades da Terra, Roma, Éfeso ou Alexandria não passavam de casas.[372] Ser desterrado de uma delas era apenas como mudar de moradia,[373] e a morte tão só uma remoção de um lugar para outro. As pessoas livres desse Estado eram todas seres racionais – sábios sobre a Terra e astros no céu. Tal ideia estava inteiramente em harmonia com o gênio excelso do estoicismo. Foi proclamada por Zenão em sua República e depois dele por Crísipo e seus seguidores.[374] Captou a imaginação de escritores estrangeiros, como do autor do peripatético *De Mundo*[375] (vi, parágrafo 36), possivelmente de origem judaica, e de Fílon[376],[377] e São

---

370. Sêneca, *Vit. B.*, 24, parágrafo 2.
371. Ter., *Heaut.*, 77; Cícero, *De legibus*, i, parágrafo 33; Sêneca, *Ep.* 95, parágrafo 53.
372. Sêneca, *Ep.* 102, parágrafo 21; M. Ant., iii, 11.
373. Cícero, *Parad.*, parágrafo 18.
374. Plutarco, 329A, *Alex. Mag. F. aut V.*, 16, 1076F, *Com. Not.*, 34; Cícero, *N.D.*, ii, parágrafo 154.
375. *Do Universo* (Περὶ κόσμου [*Perì kósmoy*]). (N.T.)
376. i, 1, *Mund. Op.*, parágrafo 1; i, 34, *Mund. Op.*, parágrafo 49; i, 161, *Cher.*, parágrafo 34; ii, 10, *Abr.*, parágrafo 13; ii, 486, V. C., parágrafo 11.
377. Fílon, o Judeu (?20 a.C.-?50 d.C.), filósofo atuante em Alexandria. (N.T.)

Paulo[378],[379] em relação aos quais não há dúvida sobre isso. Cícero não deixou de se servir dessa ideia em favor dos estoicos;[380] Sêneca se regozija com ela; Epicteto a emprega para a edificação; e Marco Aurélio encontra consolo em sua cidadania celestial para as preocupações de um governante terrestre – como um Antonino[381] realmente seu Estado é Roma, mas como ser humano é o universo.[382]

A filosofia de uma era talvez não possa ser deduzida a partir de suas condições políticas com aquela certeza suposta por alguns autores; ainda assim, há casos nos quais a conexão é óbvia. Em uma visão panorâmica da matéria, é possível dizermos que o franqueamento do Oriente pelo exército de Alexandre foi a causa da substituição do ponto de vista filosófico do helenismo por aquele do cosmopolitismo. Se refletirmos que os mestres cínicos e estoicos foram na maioria estrangeiros na Grécia, descobriremos uma razão bastante tangível para a mudança de perspectiva. A Grécia executara seu trabalho de educar o mundo, e o mundo estava começando a pagar à altura. Aqueles que tinham recebido o estigma de escravos por natureza estavam agora atribuindo leis à filosofia. O reinado da sabedoria era vítima de violência nas mãos de bárbaros.

---

378. *Filipenses*, iii, 20.*

  * Nossa cidadania está no céu, de onde aguardamos ansiosamente o Senhor Jesus Cristo na qualidade de Salvador; em grego: ἡμῶν γὰρ τὸ πολίτευμα ἐν οὐρανοῖς ὑπάρχει, ἐξ οὗ καὶ Σωτῆρα ἀπεκδεχόμεθα, Κύριον Ἰησοῦν Χριστόν· (*hemôn gàr tò políteyma en oyranoîs hypárkhei, ex hoŷ kaì Sotêra apekdekhómetha, Kýrion Iesoŷn Khristón*). (N.T.)

379. Saulo de Tarso (*c*. 40 d.C.), rabino judeu convertido ao cristianismo, divulgador da mensagem cristã e autor de textos do Novo Testamento (sobretudo as *Epístolas*) em grego; apóstolo tardio de Cristo e canonizado pela Igreja Apostólica Romana. (N.T.)

380. *Fin.*, iii, parágrafo 64.

381. Marco Aurélio *Antonino*. Marco Aurélio foi adotado por *Antonino* Pio (86-161 d.C.), imperador no período entre 138 e 161. (N.T.)

382. M. Ant., iv, 4; vi, 44; x, 15.*

  * O autor nos remete, na segunda indicação das *Meditações*, à: πόλις καί πατρίς ὡς μὲν Ἀντονίνῳ μοι ἡ Ῥόμε, ὡς δὲ ἀνθόπῳ, ὁ κόσμος (*pólis kaí patrís, hos mèn Antonínoi, moi he Rhóme, hos dè anthrópoi, ho kósmos*). Traduzindo: meu Estado e minha pátria, enquanto um Antonino, são Roma, enquanto ser humano, são o universo. (N.T.)

DATAS E AUTORIDADES

	a.C.
Morte de Sócrates	399
Morte de Platão	347
ZENÃO	347-275
Estudou com Crates	325
Estudou com Estílpon e Xenócrates	325-315
Começou a ensinar	315
Epicuro	341-270
Morte de Aristóteles	322
Morte de Xenócrates	315
CLEANTES (sucessor de Zenão)	275
Morte de CRÍSIPO	207
ZENÃO DE TARSO (sucessor de Crísipo)	—
Decreto do Senado proibindo o ensino da filosofia em Roma	161
DIÓGENES DE BABILÔNIA	
Delegação dos filósofos em Roma	155
ANTIPATER DE TARSO	
PANÉCIO. Acompanhou Africanus em sua missão no Oriente	143
Seu tratado sobre "Decoro" foi a base do *De officiis* de Cícero.	

O Círculo *cipiônico* em Roma.

    Este círculo de pessoas foi profundamente influenciado pelo estoicismo.

    Seus principais membros foram: Cipião AFRICANUS, o Jovem; Lélio, o Jovem; L. Fúrio Fílon; Manílio; Espúrio Múmio; P. Rutílio Rufo; Q. Élio Tubero; Políbio; e Panécio.

Suicídio de BLÓSSIO DE CUMA, o conselheiro de Tibério Graco e discípulo de ANTIPATER DE TARSO	130
MNESARCO, um discípulo de PANÉCIO, ensinava em Atenas quando o orador CRASSO visitou aquela cidade	111

HECATON DE RODES

    Grande autor estoico, discípulo de PANÉCIO e amigo de TUBERO.

POSIDÔNIO	em torno de 128-44
Nascido em Apameia na Síria; Tornou-se um cidadão de Rodes; Representou os rodeanos em Roma	86
CÍCERO estudou com ele em Rodes	78
Voltou a Roma em uma idade avançada	51
Obras filosóficas de CÍCERO	54-44

    Estas obras constituem uma das autoridades principais para o nosso conhecimento dos estoicos.

	d.C.
FÍLON DE ALEXANDRIA veio a Roma em uma delegação	39

    As obras de FÍLON estão saturadas de ideias estoicas, e ele exibe um conhecimento exato da terminologia deles.

SÊNECA	
Exilado na Córsega	41
Convocado do exílio	49
Forçado por Nero a cometer suicídio	65
Suas *Epístolas Morais* e obras filosóficas são geralmente escritas do prisma estoico, ainda que um tanto afetadas pelo ecletismo.	
PLUTARCO	floresceu em 80

As obras filosóficas de Plutarco que têm mais a ver com os estoicos são:
    De Alexandri Magni fortuna aut virtute;
    De Virtute Morali;
    De Placitis Philosophorum;
    De Stoicorum Repugnantiis;
    Stoicos absurdiora poetis dicere;
    De Communibus Notitiis.	

EPICTETO	floresceu em 90
Um liberto de Epafrodito;	
Discípulo de C. Musônio Rufo;	
Viveu e ensinou em Roma até 90 d.C., ocasião da expulsão dos filósofos realizada por Domiciano.[383] Retirou-se então para Nicópolis no Épiro, onde passou o resto de sua vida.	
EPICTETO nada escreveu, mas suas Dissertações, tais como preservadas por Arriano, das quais o excerto é o *Encheiridion*[384], contêm a mais agradável apresentação que temos da filosofia moral dos estoicos.	

---

383. Imperador de Roma de 81 a 96 d.C. (N.T.)
384. Ou seja, o *Manual* (de Epicteto). (N.T.)

C. MUSÔNIO RUFO	
Banido para Gyaros	65
Retornou a Roma	68
Tentou intervir entre os exércitos de Vitélio e Vespasiano	69
Obteve a condenação de Públio Céler (Tácito *Histórias* iv. 10; Juvenal *Sátiras* iii. 116)	—
Q. JÚNIO RÚSTICO	cônsul em 162
Mestre de Marco Aurélio, que com ele aprendeu a apreciar Epicteto.	
M. AURÉLIO ANTONINO	imperador de 161 a 180
Escreveu o livro comumente denominado suas "Meditações" com o título "Para si mesmo"[385]. Pode ser considerado o último dos estoicos.	
Três autoridades posteriores do ensinamento estoico são:	
DIÓGENES LAÉRCIO	200?
SEXTO EMPÍRICO	225?
ESTOBEU	500?
Obras modernas:	
Edição de Von Arnim dos "*Fragmenta Stoicorum Veterum*"; "*Fragments of Zeno and Cleanthes*", de Pearson, Pitt Press; *Remains of C. Musonius Rufus* na série Teubner; "*Stoics and Epicureans*", de Zeller; "*Ethics of Aristotle*", Essay VI on the Ancient Stoics, Lightfoot on the Philippians, Dissertation II, "*St. Paul and Seneca*", de Sir Alexander Grant.	

---

385. Em grego: ΤΩΝ ΕΙΣ ΕΑΥΤΟΝ (TON EIS EAYTON). (N.T.)

Este livro foi impresso pela Gráfica Rettec
nas fontes Minion Pro e Roman SD
sobre papel Pólen Bold 70 g/m²
para a Edipro.